HOPE

Moussa, Ibrahima, Elise Märkisch

HOPE

9.000 km auf der Flucht
Nach einer wahren Begebenheit

Auflage Dezember 2020

Besuchen Sie uns gerne im Internet:

Oder empfehlen Sie uns weiter

www.hopebuch.de

Copyright

Covergestaltung & Satz: jawas.digital Werbeagentur (Inh. Jan Wassenich)

ISBN 978-3-00-067138-8

Für Leander,
der mich mit seiner positiven Energie, Performance und
konstruktiven Kritik am effizientesten unterstützt hat.
Danke, dass du mir ein wenig von deiner Zeit geschenkt hast.

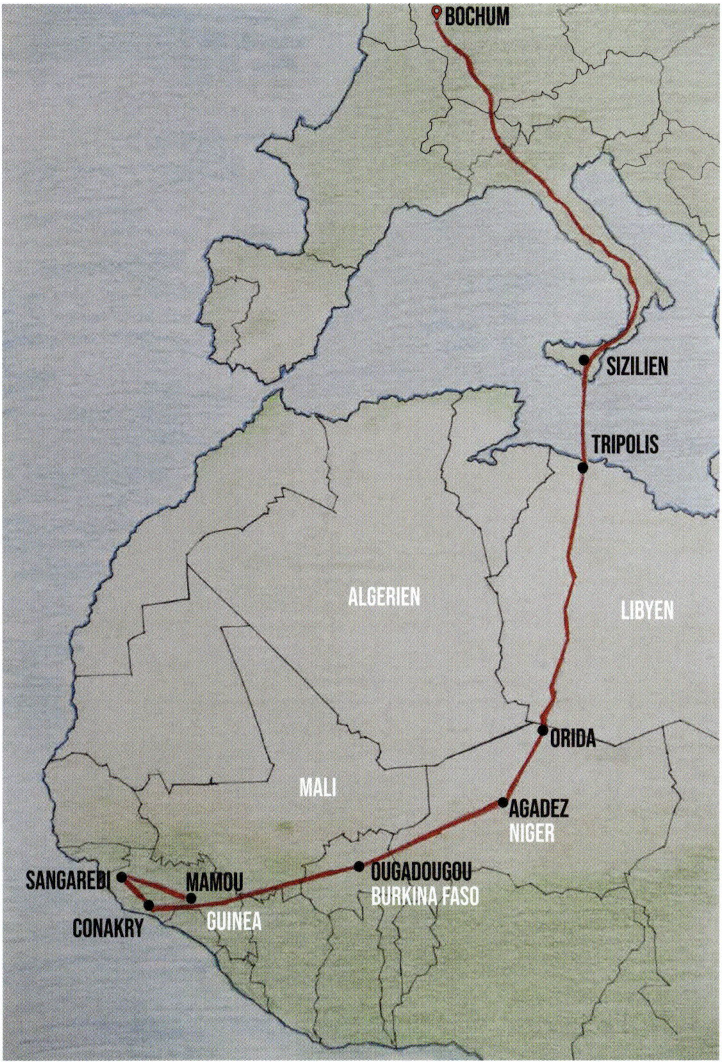
BOCHUM
SIZILIEN
TRIPOLIS
ALGERIEN
LIBYEN
ORIDA
MALI
AGADEZ
NIGER
OUGADOUGOU
BURKINA FASO
SANGAREDI
MAMOU
CONAKRY
GUINEA

Inhaltsverzeichnis

Hinweis der Autorin

Moussa und Ibrahima haben nach drei Jahren so viel Vertrauen zu mir gefasst, dass sie über die schrecklichen Dinge ihrer Vergangenheit erzählen konnten. Ihre Geschichte, zunächst als persönliche Erinnerung gedacht, faszinierte so viele Menschen, dass daraus dieses Buch entstand. Dessen Intention ist: Hintergründe über die Beweggründe der Emigration sowie der lebensgefährlichen Flucht aufzuzeigen und damit mehr Verständnis für Flüchtlinge zu vermitteln.

Niemand flüchtet freiwillig.

Die Namen der real existierenden Personen, denen Moussa und Ibrahima während der Flucht begegnet sind, wurden von mir frei erfunden. Die Erlebnisse während der Flucht waren zu traumatisierend, so dass die beiden mir nur die grobe Handlung erzählten, sich aber an Details wie die Namen der Personen oder Orte nicht mehr erinnern konnten. Diese fehlenden Details habe ich recherchiert, um das Buch lebensnaher zu schreiben. Alle in Deutschland erwähnten Personen gibt es wirklich. Einige der Namen in Deutschland wurden auf Wunsch geändert.

Die Personen des Buches

Moussa und Ibrahima

Zwillingsbrüder

Geboren 2001 in Mamou, Guinea

Leben seit 2016 in Bochum

Djaka, *die Mutter,*

Gestorben 2008

Mohamed, *der Vater,*

Gestorben 2007

Pepe, *Älterer Bruder von Moussa und Ibrahima,*

musste in Guinea bleiben, seit Juli 2020 ist der Kontakt abgebrochen so dass nicht bekannt ist, ob er noch lebt

Mariam, *Tante aus Sangaredi,*

die Moussa aufnimmt

Shari, *Freundin der Mutter aus Conakry,*

die Ibrahima aufnimmt

Dr. Fada *(Name erfunden, da nicht bekannt)*

Arzt aus Togo, der Ibrahima rettet

Abdul, (Name erfunden, da nicht bekannt)

Schleuser in der Sahara

Oke, (Name erfunden, da nicht bekannt)

Schleuser in Italien

1. Teil

Guinea

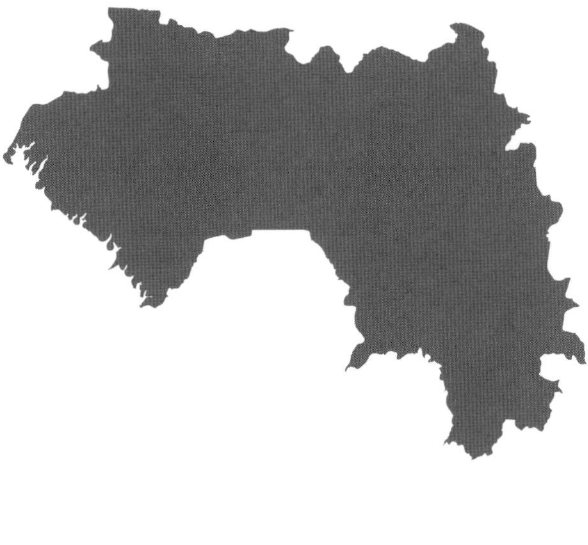

Prolog: Bochum 2019 (Ibrahima)

„Ibrahima, kommst Du? Wir müssen los...",

hörte ich meinen Bruder Moussa rufen. Ich warf noch einen letzten Blick in den Spiegel: Ein gutaussehender Siebzehnjähriger in einem eleganten dunkelblauen Anzug blickte mich an. Gleich würde ich in der Nelson-Mandela-Schule in Bochum mein Realschulzeugnis bekommen. War es wirklich erst drei Jahre her, dass ich aus Guinea flüchtete? Wenn meine Eltern noch leben würden, wären sie bestimmt sehr stolz auf mich. Niemand in meiner Heimatstadt Mamou hätte jemals geglaubt, dass ich es so weit bringen würde...

Ich heiße Ibrahima, aber meine Freunde nennen mich Champion boy. Champion boy, weil ich mir den Weg nach Deutschland erfolgreich erkämpfte. Und weil ich so viel Glück hatte im Leben. Glück, die Flucht von Guinea nach Deutschland zu überleben, und Glück, eine neue Heimat in Bochum gefunden zu haben.

Schuld an dieser Wahnsinnsidee war ein YouTube Video, dass ich zufällig sah. Und dann soll mal einer sagen, auf YouTube seien nur lustige Katzenvideos... Ich kann nur sagen, YouTube hat mein Leben komplett auf dem Kopf gestellt, denn nur durch dieses Video bin ich von meiner Heimat nach Bochum gekommen, und das sind mal eben 9.105 km...

Alles zu Fuß, im Bus, Pick-up, Schlauchboot und Kofferraum. Durch acht Länder, zwei Kontinente und mit Null Papieren. Mit nichts anderem, als den Klamotten, die ich damals zufällig trug, als wir in Conakry losfuhren: T-Shirt, Jeans und Turnschuhe, kein Gepäck, kein Wasser, nichts zu essen und schon gar kein Geld...

Guinea 2004 (Ibrahima)

„Bleibt hier sitzen, ich gehe zum Wäsche waschen an den Fluss“,

sagte unsere Mutter morgens immer zu meinem Zwillingsbruder Moussa und mir. Wir waren damals drei Jahre alt und es gewohnt, tagsüber alleine zu bleiben. Moussa und ich verbrachten unsere ersten vier Lebensjahre eigentlich nur in der kleinen Wellblechhütte, die wir gemeinsam mit unseren Eltern und Pepe bewohnten. Pepe, der ältere Bruder, war mit seinen acht Jahren praktisch schon erwachsen und immer unterwegs. Wir sahen ihn fast nie, ging er doch entweder in die Schule, zum Verkaufen oder Wasser holen..., alles das, was auch wir später machen mussten.

Da unsere Eltern viel arbeiteten und es weder Babysitter noch Kindergarten gab, waren wir Zwillinge häufig uns selbst überlassen. Unsere Mutter setzte uns dann einfach vor unsere Hütte. Dort befanden sich unter dem überhängenden Wellblechdach der Gaskocher, zwei Töpfe und ein Eimer Wasser: Unsere Küche. In der Hütte war noch weniger Platz, gab es nur einen Schlafraum, in dem eng gedrängt die Betten standen, sowie einen zweiten Raum, der mit dem Kühlschrank und einigen Alltagsgegenständen gefüllt war. Ein Bad hatten wir nicht, wir wuschen uns einfach mit einem Eimer Wasser. Unsere Mutter Djaka gab uns ein paar Murmeln oder Stöckchen, mit denen wir uns stundenlang beschäftigten. Sie befahl uns:

„Bleibt hier sitzen, bis ich wiederkomme.“

So wurden wir von klein auf dazu erzogen, gehorsam auf ihre Rückkehr zu warten. Im Endeffekt konnten wir froh sein, unsere Kleinkindzeit überhaupt überlebt zu haben. Gab es doch genug Schlangen, die uns nicht immer freundlich gesinnt waren - und welcher Dreijährige kannte schon den Unterschied zwischen einer giftigen grünen Mamba oder einer harmlosen

Maulwurfsnatter? Manchmal hatten wir Glück, dass *Djaka* oder eine Nachbarin zufällig in der Nähe war und die Schlange mit einer Schaufel erschlug, während wir gerade in unser Spiel vertieft waren und gar nicht bemerkten, wer da so auf uns zu kroch... Das war unser Kindergarten!

Dann kam unser vierter Geburtstag und das schöne friedliche Leben zu Hause war vorbei. Wir waren auf einmal erwachsen...

Schulzeit (Ibrahima)

Direkt am Tag nach unserem vierten Geburtstag weckte *Djaka* uns morgens um sechs Uhr und schickte uns zur Koranschule. Da es in Guinea keine „Helikopter-Eltern" gab, machten wir uns alleine auf den Weg zur Schule, die glücklicherweise nahe bei unserem Haus war. Andere Kinder hatten es nicht so gut und mussten dreimal am Tag Mamaou durchqueren, um dorthin zu gelangen. Mamou ist eine Kleinstadt in Guinea und liegt in Westafrika südlich von Gambia und dem Senegal. Mamou ist ungefähr so groß wie Hattingen, aber bei weitem nicht so schön. Im Gegensatz zu Hattingen mit seinen gepflegten Fachwerkhäusern und schönen Geschäftsstraßen besteht Mamou in der Trockenzeit aus staubigen Wegen mit armseligen Wellblechhütten und in der Regenzeit aus matschigen Pisten. Kein Kino, kein Shopping-Center, kein Mc Donalds, kein Fußballplatz, kein Schwimmbad, nichts – hört sich nicht toll an? Exakt, ist es auch nicht!

Strasse in Mamou, Quelle: Alamy

Das einzige, was es für uns Kinder in Mamou gab, war die Koranschule, in die wir ab unserem vierten Geburtstag geschickt wurden.

Koranschule klingt so bombastisch. In Wirklichkeit bestand sie nur aus einem einfachen kleinen Platz, wo wir mit vielleicht zwanzig Kindern auf der Erde saßen. Tische oder Stühle gab es nicht. Jedes Kind bekam zu Beginn des Unterrichts ein Holzbrett überreicht, ungefähr zu groß wie ein Skateboard, nur dass wir mit diesem Board nicht ganz so viel Spaß hatten! Malte doch der Koranlehrer, mit einem in schwarze Tinte getauchten Stock, arabische Schriftzeichen auf das Holz.

Quelle: Alamy

Fünfmal mussten wir dieses Zeichen abmalen. Wenn Du denkst, das ist doch easy: Dann überleg mal, wie schwer es ist, mit einem Stock auf ein Holzbrett zu kritzeln. Zumal wir ja erst vier Jahre alt waren und die arabischen Schriftzeichen nicht gerade einfach nachzumalen sind. Ein „A“ im Deutschen ist nichts dagegen. Jedes arabische Zeichen war wie ein kleines Bild! Noch dazu wird im Arabischen von rechts nach links geschrieben.

War das Zeichen fünfmal aufgeschrieben, mussten wir das Brett über unseren Kopf halten, damit wir nicht darauf schauen konnten. Anschließend wurde das Zeichen fünfmal auswendig aufgesagt. Danach mussten wir einzeln vor unseren strengen Koranlehrer treten und ihm die arabischen Worte laut vorsprechen. Ich weiß noch, wie häufig mir die fremdklingenden Wörter vor lauter Aufregung nicht mehr einfielen. Wusste ich doch, was mich erwartete, wenn ich sie nicht aufsagen konnte. Der Lehrer hielt seinen Stock schon bereit und schlug mich jedes Mal, wenn ich auch nur stotterte...

Erst wenn der Lehrer mit unserer Leistung zufrieden war, gab er uns ein Bananenbaum-Blatt, mit dessen rauer Fläche wir das Zeichen wieder wegwischen konnten. Später in der staatlichen Schule bekamen wir anstelle dieses Holzbretts eine richtige Kunststofftafel, die wir mit Kreide beschreiben und mit einem Schwamm wieder säubern konnten. Das war für uns ungefähr so, wie für Schüler in Deutschland ein Tablet! Hefte und Bücher waren der absolute Luxus, weil sie so teuer waren. Deshalb bekamen wir sie auch erst, als wir schon acht Jahre alt waren.

Am nächsten Tag ging die Quälerei dann wieder weiter: Ein neues Zeichen wurde erlernt, bis wir alle 28 arabischen Schriftzeichen beherrschten. Danach schrieb der Lehrer uns ganze Verse auf Arabisch auf und auch diese mussten wieder fünfmal abgeschrieben werden. Ein Vers sah z.B. so aus:

بَرَاءَةٌ مِّنَ اللَّهِ وَرَسُولِهِ إِلَى الَّذِينَ عَاهَدتُّم مِّنَ الْمُشْرِكِينَ

So ging es weiter und weiter, jeden Tag aufs Neue gab es einen weiteren Vers.

Auf diese mühsame Art und Weise lernten wir den gesamten Koran auswendig. Der Koran ist für uns Moslems das, was für die Christen die Bibel ist.

Er besteht aus 114 Suren und jede einzelne Sure wiederum besteht aus verschiedenen Versen. Insgesamt gibt es die unglaublich hohe Zahl von: 6.236 Versen.

Es dauerte JAHRE, bis wir alle Verse konnten. Im Nachhinein denke ich jedoch, dass wir in der Koranschule eigentlich nichts lernten, verstanden wir doch kein einziges Wort Arabisch! Wir wiederholten nur sinnlose Wörter – für uns ohne jede Bedeutung.

Während deutsche Vierjährige fröhlich im Kindergarten spielten, waren wir dieser stundenlangen Tortur ausgesetzt. Das Prinzip der Koranschule war ganz simpel: Die Kinder, die die Gebete nicht auswendig konnten, wurden solange mit einem Stock geschlagen, bis sie es lernten. Je nachdem, wie schnell wir Kinder das Auswendiglernen beherrschten, dauerte der Unterricht zwischen ein und zwei Stunden. Die guten Schüler durften früher gehen und den schlechten wurde das Wissen einfach noch länger eingeprügelt.

War der morgendliche Unterricht der Koranschule endlich vorbei, ging ich mit meinen vier Jahren zum Brunnen, um Wasser zu holen. Mit dem schweren Wassereimer auf dem Kopf liefen Moussa und ich zusammen zum Elternhaus zurück, dort wuschen wir uns. War genug Geld da, bekamen wir unser Frühstück, welches aus einem kleinen Stück Baguette und einem Becher Tee mit Zucker bestand. Hatten unsere Eltern jedoch zu wenig verdient, mussten wir den ganzen Tag hungrig überstehen und darauf hoffen, dass es abends vielleicht etwas gab. So vergingen die Tage nach dem gleichen Muster: Morgens, mittags und abends zur Koranschule, Wasserholen, zwischendurch etwas spielen und auf eine Mahlzeit hoffen.

Nach unserem sechsten Geburtstag, kam zusätzlich zu der schrecklichen Koranschule auch noch die staatliche Schule hinzu. Das hieß nach zwei Stunden Koran-Unterricht und Frühstück, weiter zu der staatlichen Schule zu gehen. Diese Schule war in einem richtigen Gebäude untergebracht und

Quelle: Alamy

bestand aus verschiedenen Klassen, je nach Alter der Schüler. Wir wurden in den Fächern Mathematik, Französisch, Erdkunde, Geschichte und Naturwissenschaften unterrichtet. Aufgabe der Lehrer war es auch hier, unendlich viel Fachwissen in unsere Köpfe zu hämmern.

Heute bin ich davon überzeugt, dass Moussa und ich in Bochum nur so schnell Deutsch lernten, weil uns von klein auf das Auswendiglernen eingeprügelt wurde.

In dem Fach Geschichte zum Beispiel erfuhren wir sehr viel über Europa und Amerika: Wir lernten alles über die beiden Weltkriege, die Französische Revolution und so weiter. Über die Geschichte Guineas oder anderer afrikanischer Staaten wurde uns gar nichts beigebracht.

In Erdkunde mussten wir nicht nur alle Länder der Welt auswendig lernen, sondern auch noch deren genaue Flächenangaben in km2 sowie die Einwohnerzahlen. Der totale Wahnsinn, wie sollte man sich das alles merken? Was habe ich die Schule gehasst. Jeden einzelnen schrecklichen Tag!

Allerdings wusste ich damals schon, wie groß meine spätere Heimat Deutschland war und wie viele Einwohner sie hatte. Im Endeffekt kann man sagen, dass ich quantitativ ziemlich viel gelernt habe, die Qualität war jedoch fraglich. So sind wir im Fach Mathematik nie über die Grundrechenarten hinausgekommen. Wahrscheinlich wussten unser Lehrer auch nicht mehr. Die Lehrer sammelten übrigens immer Geld von uns Schülern ein, um ihr geringes Gehalt etwas aufzubessern. Wer am meisten bezahlen konnte, bekam auch die besten Noten! Kein Wunder, dass Moussa und ich keine große Lust zum Lernen hatten, konnten unsere Eltern doch nie viel Geld bezahlen und schlechte Noten waren deshalb an der Tagesordnung.

Letztendlich war die staatliche Schule aber gar nicht so wichtig: Viel mehr Wert wurde auf die Koranschule gelegt. Gingen meine Eltern zum Beten in die Moschee, hatten sie regelrecht Angst vor meinem Koranlehrer. Einmal trafen sie ihn in der Moschee und er teilte ihnen verärgert mit, dass ich schon seit Tagen nicht mehr in der Koranschule war. Ich hatte den Unterricht einfach geschwänzt, weil ich die Schule so hasste. Als ich sah, wie mein Lehrer mit meinen Eltern sprach und meine Mutter vor Scham erbleichte, war mir klar, was mich erwartete. Ich traute mich den ganzen Tag nicht nach Hause. Erst spät abends trieb mich der Hunger zurück. Mein Vater erwartete mich bereits mit seinem Gürtel… Ich schwänzte nie wieder einen einzigen Tag.

Moussa sagte mir immer:

„Du bist ja selbst schuld, dass du dauernd verprügelt wirst, warum bist du so faul und hörst dem Lehrer nicht zu. Statt immer selbst zu quatschen, lern einfach deine Verse und alles ist gut.“

Das stimmt natürlich, aber ich konnte es einfach nicht und hatte deshalb dauernd Ärger. Die staatliche Schule ging bis zirka zwei Uhr mittags. Ein Mittagessen gab es dort nicht und wenn unsere Mutter uns nichts mit zu essen gab, bettelten Moussa und ich bei unseren Freunden um etwas Brot.

Manchmal hatten wir Glück und sie gaben uns etwas, andere Male gingen wir hungrig wieder direkt weiter zur Koranschule.

Unser Leben war ein ewiger Kreislauf von sinnlosem Auswendiglernen, Prügeln, Hungern und Wasserholen.

Zwischen drei und vier Uhr nachmittags kamen wir erschöpft und hungrig, mit der üblichen Wasserration vom Brunnen, nach Hause. Djaka saß dann meistens mit ihren Waren vor unserem Haus und wartete auf Kunden. Sie besserte den geringen Verdienst des Vaters mit dem Verkauf von Heilkräutern und pflanzlichen Medikamenten auf. In der Regel verdiente sie umgerechnet einen Euro pro Tag. Dafür saß sie 12 Stunden jeden Tag vor ihrem kleinen Verkaufsstand.

Zwischendurch hatte sie für uns jedoch immerhin das Mittagessen gekocht: Reis und Soße. Bei uns gab es immer Reis mit Soße: Jeden einzelnen schrecklichen Tag während meiner 15 Jahre in Guinea...

Quelle: Willeke und Thomas Kliesow

Ramadan und Opferfest (Ibrahima)

Gab es auch glückliche Tage in Mamou? Ich kann mich an keinen einzigen erinnern. Noch nicht einmal die Geburtstage wurden gefeiert. Es gab keinen Kuchen, keine Geschenke und natürlich keine Party. Wir wussten zwar, wann wir Geburtstag hatten, und insgeheim hoffte ich jedes Jahr auf ein Geschenk oder wenigstens auf eine Tafel Schokolade, aber jedes Jahr wurde ich aufs Neue enttäuscht. Das ist auch der Grund, warum ich Geburtstage bis heute so hasse! Der einzige Geburtstag, der etwas schöner war, war unser 18. Geburtstag, da waren wir zum ersten Mal in einem Restaurant, dem „Forsthaus“ in Bochum, essen.

Wie gesagt, das Essen war genauso armselig und eintönig wie die gesamte Zeit in Guinea. Die einzige Ausnahme stellte das Opferfest dar. Die höchsten Feiertage der Moslems sind das Opferfest und das Zuckerfest. So wie in Deutschland an Weihnachten oder Ostern, gab es selbst für die armen Familien am Opferfest etwas Besonderes zu essen: Nämlich Fleisch! Wie der Name sagt, wird am Opferfest ein Tier geopfert. Je nachdem, wieviel Geld man aufbringen konnte, schlachtete man entweder eine Kuh, ein Schaf oder eine Ziege. Die reichen Familien kauften in der Regel eine Kuh und ließen sie schlachten. Sie gaben dann den armen Verwandten oder Nachbarn etwas von dem Fleisch ab. So bekamen auch meine Eltern an jedem Opferfest-Tag etwas Fleisch geschenkt. Für uns Kinder war das etwas ganz Besonderes, gab es doch das ganze Jahr über kein Fleisch. Ich glaube, mein heutiger Hunger auf Fleisch, den ich erst in Deutschland richtig stillen konnte, kommt noch aus dieser Zeit in Guinea...

Dieses besondere Essen am Opferfest musste man sich jedoch erst verdienen: durch die vierwöchige Fastenzeit, dem Ramadan. Während des Ramadans war das Leben noch härter. Bereits Kinder ab dem Alter von sechs Jahren konnten mit dem Fasten beginnen. Zwar fasteten sie nur jeden zweiten Tag, aber auch das war auch schon schrecklich genug. Mit 14 Jahren mussten dann alle Kinder genauso fasten wie die Erwachsenen. Das bedeutete konkret: Um vier Uhr morgens, lange vor Sonnenaufgang die erste Mahlzeit des Tages einnehmen und beten. Erst nach Sonnenuntergang um ca. 19 Uhr durfte dann wieder gegessen und getrunken werden. Dazwischen lagen grauenhaft lange 15 Stunden. Ohne irgendetwas zu essen. Aber was noch schlimmer war: ohne einen einzigen Schluck Wasser. Und das bei 38 Grad im Schatten!

Spiele und Arbeit (Moussa)

Im Gegensatz zu meinem Bruder Ibrahima fand ich meine Kindheit bis zum vierten Lebensjahr eigentlich ganz ok. Klar, natürlich hatten wir weder Playmobil, Lego, Handy noch Playstation, aber das störte uns nicht, schließlich kannten wir es nicht anders. Wir nahmen einfach, was wir im Müll fanden, und bastelten daraus unsere eigenen Spielsachen. Mein liebstes Spielzeug war ein selbst gebautes Auto: Eine leere Sardinenbüchse, an der mit kleinen Stöckchen Flaschenverschlüsse als Räder befestigt waren – fertig! Oder wir spielten mit Kreiseln, die wir auch wieder aus Flaschenverschlüssen anfertigten. Beliebt war auch ein Rennen mit alten Fahrradreifen, die Reifen musste man mit einem Stock vor sich her bewegen, bis man am Ziel war. War nicht immer leicht, aber wir hatten jede Menge Spaß.

Quelle: Alamy

Noch mehr Spaß hatten wir jedoch in der Regenzeit. Durch den vielen Regen bildeten sich kleine Tümpel, in denen man perfekt eine Schlammschlacht machen konnte. Das war natürlich das Beste überhaupt, sich in dem Wasser von der Hitze des Tages etwas abzukühlen. Kamen Ibrahima und ich jedoch mit den nassen, verdreckten Kleidern nach Hause, erwartete uns großer Ärger und viel Geschrei meiner Mutter. Sie schrie uns dann wütend an:

„Seid ihr verrückt geworden? Eure Kleider sind total dreckig! Jetzt muss ich wieder das teure Waschpulver verschwenden, das für nächste Woche gereicht hätte. Zur Strafe wascht ihr Eure Kleider jetzt selbst im Fluss!"

Aber das störte uns nicht, die Schlammschlacht war es auf jeden Fall wert. Um Geld für das verschwendete Waschpulver zu verdienen, mussten wir als zusätzliche Strafe dann auch noch Saft verkaufen. Den Saft machte meine Mutter selbst, indem sie Ingwer und Hibiskus auf dem Markt kaufte und so lange kochte, bis ein dickflüssiger Fruchtsaft entstand. Sie mischte Zucker darunter und füllte den Saft in kleine Plastikflaschen um, die Ibrahima und ich auf der Straße gesammelt und am Fluss ausgespült hatten. Diese Flaschen wurden über Nacht in den Kühlschrank gestellt und am nächsten Morgen zogen wir dann solange mit den Saftflaschen auf dem Kopf durch die Straßen, bis alles verkauft war. So wurde uns schon im Kleinkindalter klargemacht, dass alles, was man zum Leben braucht, mühsam erarbeitet werden muss.

Es war kein Geld da für überflüssige Dinge. War es doch schwierig genug, jeden Tag Lebensmittel zu kaufen oder andere lebensnotwendige Dinge zu organisieren. Ibrahima und ich mussten immer mithelfen, egal wie klein wir waren. Trotzdem hat es nicht immer gereicht, oft genug hungerten wir, weil wir einfach nicht genug verdienten.

Deshalb kam es mir auch wie im Paradies vor, als ich in Deutschland zum ersten Mal in meinem Leben mit sechzehn Jahren bei Mc Donalds war. Nie zuvor habe ich etwas Köstlicheres gegessen, als den heißen Hamburger und die fettigen Pommes.

Quelle: Alamy

Im Gegensatz zu Ibrahima hatte ich in der Schule nie Probleme. Ich machte einfach das, was die Lehrer uns befahlen, und alles war gut. Im Endeffekt war ich dankbar, in die Schule gehen zu dürfen, gab es doch genug Eltern, die ihre Kinder den ganzen Tag zum Verkaufen schickten. Meistens wurden überhaupt nur die Jungen zur Schule geschickt, die Mädchen waren gezwungen, den Müttern im Haushalt zu helfen, weshalb sie noch geringere Chancen auf ein wenig Bildung hatten. Diese zwei Jahre in Mamou waren auch die einzigen Jahre, in denen ich noch regelmäßig die staatliche Schule besuchen durfte.

Nach dem Mittagessen blieb Ibrahima und mir vielleicht eine Stunde freie Zeit, die einzige Stunde des Tages, in der wir auch einmal Kind sein durften. Wir rannten dann immer schnell raus auf die Straße, um unsere Freunde zu treffen. Was war das schön, nach dem stundenlangen Stillsitzen einfach mal ohne Zwang und Strafe Spaß zu haben. Sehr gerne hüpften wir mit dem Gummi-Twist auf der Straße. Oder, wenn es sehr heiß war, setzten wir uns in den Schatten unter einen Mangobaum und trugen dort Wettkämpfe mit den Murmeln aus. Wir hätten auch liebend gerne Fußball gespielt, aber weil es keinen richtigen Platz gab und wir selten einen Ball hatten, war das praktisch unmöglich.

Um sechs Uhr abends waren die schönsten Minuten des Tages schon wieder vorbei. Djaka kam und trieb uns wieder zurück in die Quälerei der Koranschule.

Nach der Koranschule holten wir zum letzten Mal des Tages Wasser am Brunnen, damit wir uns abends noch waschen konnten. Wenn ich so darüber nachdenke, ging ich eigentlich nur dann ins Bett, wenn ich es wollte und auch todmüde war. Ich kann mich nicht erinnern, dass meine Eltern sich je darum gekümmert haben, dass ich pünktlich ins Bett ging. Die Folge war, dass ich in meiner gesamten Kindheit definitiv zu wenig schlief. Heute glaube ich auch, dass der Grund, weshalb ich mit meinen 1,70 m nicht besonders groß bin, an dem permanenten Schlafdefizit lag. Meine gesamte Kindheit lang war ich eigentlich immer übermüdet - nicht verwunderlich, nach den Anstrengungen eines langen Tages.

Nach diesem Schema verliefen alle Tage gleich schrecklich: Eine Tortur in einem ewigen Hamsterrad, über meine gesamte Kindheit hinweg.

In der Trockenzeit, von November bis April, wenn die Hitze in Guinea am größten war, bekamen wir Schulferien. Allerdings waren die großen Ferien nicht so wie in Deutschland, mit Ausschlafen, Ausflügen mit der Familie oder einem Urlaub. In den Schulferien war mein Tagesablauf genauso wie während der Schulzeit. Der einzige Unterschied bestand darin, dass ich nur einmal täglich um sechs Uhr morgens in die verhasste Koranschule gehen musste. Anschließend wartete ich darauf, dass meine Mutter den Kuchen fertig buk, den ich verkaufen musste. Ich habe es so gehasst, mit dem Kuchen auf meinem Kopf durch die Hitze der Straßen zu laufen. Hatte ich Glück und der Verkauf ging schnell, war ich bis mittags fertig mit meiner Arbeit. Hatte ich Pech, blieb ich bis zum späten Nachmittag auf der Straße. Am schlimmsten war es, wenn meine Freunde mich mit dem Kuchen sahen und hänselten. War der Kuchen verkauft, brachte ich umgerechnet etwa 3 € nach Hause, wurden davon 2 € für die Zutaten abgezogen, blieb 1 € übrig, der dazu beitrug, die Lebensmittel des Tages für unsere Familie zu kaufen.

Quelle: Alamy

Trennung von Moussa (Ibrahima)

Als ich ungefähr sechs Jahre alt war, erklärten mir meine Eltern eines Tages:

„Ibrahima, du darfst in den Ferien eine Freundin von uns in Conakry besuchen". „Toll", dachte ich: *„Conakry ist eine große Stadt, da ist es bestimmt schöner als bei uns in Mamou."*

Ich war freudig überrascht, hatte ich doch noch nie in meinem Leben meine Geburtsstadt Mamou verlassen. Darüber hinaus war mein Leben so anstrengend und eintönig, dass jede Abwechslung willkommen war.

Rückblickend wird mir klar, dass ich eigentlich von klein auf das Leben eines Erwachsenen führte und von meinen Eltern auch so behandelt wurde. Ich kann mich nicht erinnern, viel Zeit mit meinen Eltern verbracht zu haben. Wir wohnten zwar zusammen, aber von einem richtigen Verhältnis, mit gemeinsamen Mahlzeiten, Gesprächen oder Familienausflügen, konnte nicht die Rede sein. Im Grunde genommen lebten wir aneinander vorbei, alle waren immer unterwegs, um Geld zu verdienen oder zu lernen. Mein Vater, Mohamed, war Fotograf und arbeitete den ganzen Tag in seinem Fotostudio, um Pass- und Familienfotos zu machen. Deshalb sah ich meinen Vater fast nie und habe auch praktisch keine Erinnerungen an ihn. Leider gibt es überhaupt keine Fotos von unserer Familie aus dieser Zeit. Mein Vater fotografierte uns nie, weil wir keine schöne Kleidung besaßen. In den ausgewaschenen T-Shirts und Shorts, die wir jeden Tag trugen, bis sie auseinanderfielen, wollte mein Vater uns nicht aufnehmen, er schämte sich für unsere Armut…

Umso freudiger überrascht war ich also über die Fahrt nach Conakry und hoffte, so meinem tristen Alltag in Mamou zu entfliehen.

Mir war allerdings nicht bewusst, dass ich an diesem Tag meine Eltern das letzte Mal in meinem Leben sah. Erst im Nachhinein erfuhr ich, dass Mutter und Vater an AIDS erkrankt waren, weshalb sie mich auch zu der Freundin schickten. Sie wollten mich gut versorgt wissen, ein letzter Akt ihrer elterlichen Fürsorge.

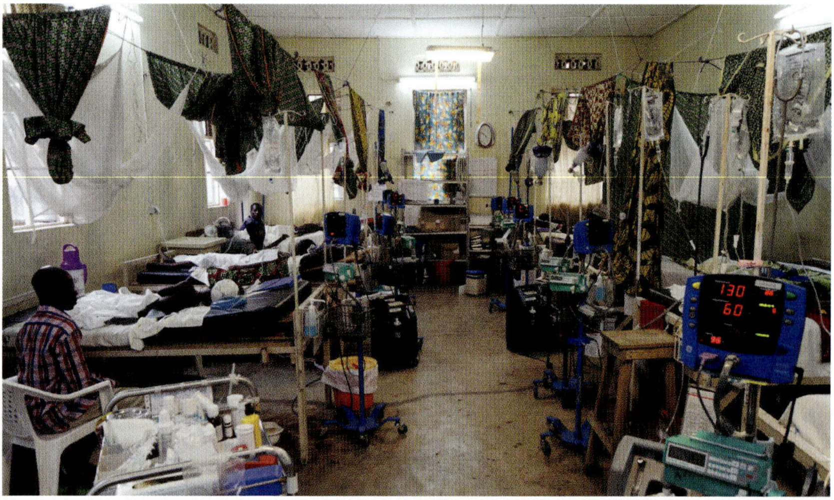

Intensivstation im Krankenhaus in Guinea, Quelle : Alamy

In Guinea sterben leider sehr viele Menschen an Malaria, AIDS, Tuberkulose, an Unfällen oder einfach mangels medizinischer Grundversorgung. Die Mutter eines Freundes wurde von einem Auto angefahren. Es waren keine schweren Verletzungen, jedoch infizierte sich die Wunde und sie ist letztendlich an einer Blutvergiftung gestorben. Einfach nur, weil sie den Arzt nicht bezahlen konnte. Sie war erst 33 Jahre alt und hinterließ drei kleine Kinder. Da der Vater die Familie verlassen hatte, musste mein Freund mit seinen Geschwistern auf der Straße leben. Ich habe nie wieder etwas von ihm gehört...

Deshalb bin ich meinen Eltern auch heute noch dankbar, dass sie für mich über ihren Tod hinaus Vorsorge trafen.

Die Freundin meiner Mutter, Shari, hatte selbst nur vier Mädchen, weshalb sie auch bereit war, mich als Jungen mit aufnehmen. Man darf die schwierigen Lebensverhältnisse in Guinea nicht vergessen, ein zusätzlicher Esser war eine große Belastung und eigentlich nicht erwünscht. Zu meinem Glück durfte ich anfangs noch zur Schule gehen. Dadurch, dass Shari bereits vier Kinder in der Schule hatte, musste sie für das fünfte, also mich, kein Schulgeld bezahlen. So lernte ich wenigstens noch die ersten Jahre etwas. Später wurde es schwieriger und ich musste beim Verkauf helfen, um Geld zu verdienen.

Sharis Mann, mein „Onkel", war Elektriker. Er arbeitete selbstständig und nahm mich immer mit zu seiner Arbeit. So bin ich eigentlich als kleines Kind schon dazu gekommen, mich mit der Reparatur von kleineren Haushaltsgegenständen zu beschäftigen. Die Leute haben mir zum Beispiel ihre kaputten Radios gebracht und ich habe so lange daran herumgeschraubt, bis ich sie wieder zum Laufen bekam. Sie gaben mir ein wenig Geld dafür und damit konnten meine Pflegeeltern mein Essen bezahlen.

Einmal schenkte mir ein Nachbar einen alten Tauchsieder. Ein Gerät, mit dem man Wasser erhitzen kann. Tauchsieder sind in Guinea sehr wichtig, weil man das Wasser immer abkochen muss, bevor man es trinkt. Ansonsten sind zu viele Keime im Wasser und man wird sehr schwer krank. Ich reparierte den Tauchsieder erfolgreich. Zum Testen stellte ich ihn in einen Eimer Wasser und hielt meinen Arm hinein, um zu prüfen, ob das Wasser heiß genug war. Natürlich bekam ich einen heftigen Stromschlag, mein Herzschlag setzte ein paar Sekunden aus… Ich hatte einfach nur Glück, dass ich den Schlag überlebte. Kannte ich doch viele Menschen, die durch Stromschläge starben. Um Geld für den teuren Strom zu sparen, war es sehr beliebt, einfach ein Kabel an den Hochspannungsleitungen zu befestigen, was viele unserer Nachbarn mit ihrem Leben bezahlten.

Mit meinen damals acht Jahren musste ich also in Conakry bereits meinen Lebensunterhalt verdienen. Freunde von mir hatten es jedoch noch schwerer. Sie arbeiteten als Tagelöhner auf dem Markt, lebten dort von Essensabfällen und schliefen nachts unter den Marktständen. Falls sie heute überhaupt noch leben, werden sie wahrscheinlich immer noch dort sein. Insofern ging es mir eigentlich ganz gut, weil ich immerhin noch abends zu der Pflegefamilie zurückkehren und dort übernachten konnte. Auch bekam ich immer etwas zu essen und einige Kleider. Es war nicht viel, aber mehr als andere hatten. Sonntags, wenn keine Schule war, wusch ich meine Kleider selbst. Verglichen mit deutschen Kindern gleichen Alters, war ich also absolut selbstständig.

Entgegen meinen Hoffnungen verbesserte sich mein Leben in Conakry also auch nicht wirklich. Der einzige Vorteil der Hauptstadt bestand darin, dass es dort eine „Playstation Halle" gab. Dort traf ich mich immer mit meinen Freunden. Hatte einer von uns etwas Geld gespart, spielten wir mit der Playstation. Das war für uns das Größte! Wir drängten uns eng zusammen vor den kleinen Bildschirm, um ja keine der kostbaren Sekunden zu verpassen. Kosteten zehn Minuten Playstation Zeit doch einen Euro, fast einen ganzen Tageslohn! Hatten wir kein Geld, trafen wir uns einfach so dort, war es doch die einzige Möglichkeit, uns zu sehen und uns etwas von dem traurigen Alltag abzulenken.

Wo sollten wir auch sonst hin? Wir wohnten alle so beengt, dass wir nicht zu einem Freund nach Hause hätten gehen können. In der Regenzeit war es noch schlimmer, da wir uns nicht mehr auf der Straße treffen konnten. In der Regenzeit blieb ich ab 19 Uhr, bei Eintritt der Dunkelheit, immer zu Hause.

Das war für mich besonders schrecklich, mit so vielen Menschen, wir waren zu siebt, in dem kleinen Wohnraum im Haus eingesperrt zu sein.

Deshalb wartete ich auch immer sehnsüchtig auf die Trockenzeit, die im Mai begann und in der die Böden nicht mehr nur aus Schlamm bestanden. Dann spielten wir Fußball: Entweder mit einem Tennisball oder einem aus alten Gummiabfällen selbstgebastelten Ball. Auch mussten wir immer barfuß spielen, da es uns streng verboten war, die teuren Schuhe durch das Spiel zu ruinieren. Noch dazu gab es keine richtigen Fußballplätze. Wir suchten einfach irgendwo einen freien Platz, der meistens aus Beton bestand oder mit Steinen bedeckt war. Einmal kam es zu einem schweren Unfall: Einer meiner Freunde stürzte so unglücklich, dass er sich an einem Stein eine schwere Kopfverletzung zuzog. Er starb an dieser Verletzung, weil es in Guinea fast keine Krankenwagen gab und wir niemanden fanden, der ihn rechtzeitig ins Krankenhaus bringen konnte. Er ist an einer Verletzung verblutet, die in Deutschland innerhalb kürzester Zeit im Krankenhaus hätte behandelt werden können.

Dieser Unfall hat mich schwer getroffen und ich kann nur sagen, dass ich mein Leben zu dieser Zeit eigentlich immer nur gehasst habe. Jeden einzelnen Tag betete ich zu Gott, dass er meinem Elend ein Ende bereitete. Ich war total deprimiert über die Ausweglosigkeit meiner Situation und hatte auch keine Hoffnung mehr auf eine Besserung.

Dann wurde es noch schlimmer, als eines Tages Shari traurig zu mir sagte:

„Ibrahima, du musst bald ausziehen, wir haben kein Geld mehr für dein Essen, such dir schnellstmöglich einen anderen Platz, wo du leben kannst…“

Wo sollte ich hin? Auf dem Markt schlafen, wie die anderen Straßenkinder?

So war es der totale Glücksfall, als ich kurze Zeit später auf YouTube zufällig ein Video sah, in dem afrikanische Flüchtlinge auf ihrer Flucht gezeigt wurden. Der Sprecher des Videos mahnte:

"...die Reise nach Europa ist sehr gefährlich, viele Menschen kommen in der Wüste zu Tode oder ertrinken auf dem Mittelmeer..."

Erst war ich abgeschreckt von der Todesgefahr. Aber die Idee, nach Europa zu kommen, und die Hoffnung auf ein besseres Leben ließen mich nicht mehr los.

Am 14. September 2016 rief ich dann nach neun Jahren meinen Bruder Moussa an...

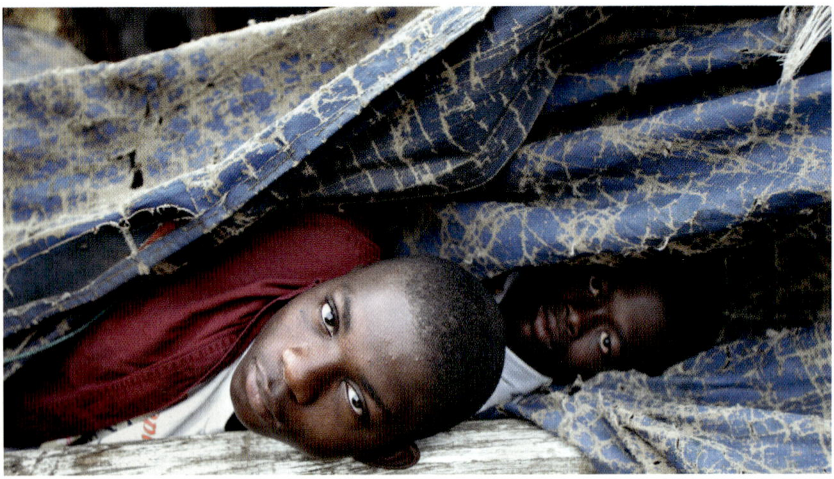

Straßenkinder in Conakry, Guinea. Quelle: Alamy

Das Ende (Moussa)

Ich hätte nie gedacht, dass ich meinen Bruder Ibrahima einmal so vermissen würde, schließlich stritten wir uns häufig genug um unsere wenigen Spielsachen.

Der Tag, an dem er nach Conakry geschickt wurde, war für mich ein Wendepunkt in meinem bisherigen normalen Leben. Von nun an wurde alles nur noch schlimmer.

Traurig saß ich allein vor unserem Haus und wusste gar nichts mit mir anzufangen. Noch dazu verstand ich nicht, warum Ibrahima wegfuhr. Hatte ich doch das Wort „Ferien“ noch nie gehört. Immer wieder fragte ich meine Eltern erwartungsvoll:

„Wann kommt Ibrahima zurück? Morgen... nächste Woche, wann?“

Aber als meine Eltern mir nie eine richtige Antwort gaben, resignierte ich irgendwann. Noch nie zuvor in meinem bisherigen Leben war ich auch nur eine Minute von Ibrahima getrennt gewesen. Wir machten alles gemeinsam: gingen zusammen in die Schule, verkauften Kuchen, holten Wasser und hatten die gleichen Freunde. Den ganzen Tag verbrachten wir gemeinsam und in der Nacht schliefen wir im gleichen Bett. Schließlich waren wir Zwillinge - und Zwillinge haben ein viel engeres Verhältnis als normale Geschwister. Ohne ihn kam ich mir nur wie ein halber Mensch vor.

Mein Bruder Pepe arbeitete mit seinen elf Jahren damals schon in Conakry, sodass ich nun mit meinen Eltern allein lebte. Ohne Ibrahima war mein Leben sehr viel schwieriger: Ich vermisste ihn nicht nur, sondern musste nun auch einfach für zwei arbeiten. Der Kuchen- und Saftverkauf und auch die viele Hausarbeit musste nun ohne seine Hilfe bewältigt werden.

Meine Trauer über Ibrahimas Abfahrt war so groß, dass ich erst nach einigen Wochen bemerkte, was mit meinem Vater los war. Am Anfang wunderte ich mich nur, dass er so häufig in seinem Bett lag und kaum noch zur Arbeit ging. Besorgt beobachtete ich, wie er drei Mal am Tag irgendwelche Tabletten einnahm. Das hatte er noch nie zuvorgetan. Mein Vater war erst 37 Jahre alt und bislang immer gesund.

Ängstlich fragte ich meine Mutter, was los sei, aber sie beruhigte mich, indem sie sagte:

„Mach dir keine Sorgen, Moussa, dein Vater hat nur eine Erkältung und die Tabletten machen ihn bestimmt wieder gesund".

„Also gut", dachte ich und erledigte während der kommenden Wochen einfach weiter meine vielen Aufgaben, die immer mehr wurden, arbeitete mein Vater doch immer weniger.

An einem drückend heißen Nachmittag kam ich erschöpft von der Schule nach Hause. In unserem kleinen Schlafzimmer stand ein Mann über meinen Vater gebeugt am Bett. Wer war das? Was war los? Dann sah ich den Arztkoffer, der geöffnet auf dem Boden stand. Ich war sofort alarmiert: Wenn meine Mutter einen teuren Arzt ins Haus holte, musste etwas passiert sein. Erschrocken blieb ich an der Tür stehen und beobachtete misstrauisch, wie mein Vater untersucht wurde.

Einige Minuten später verabschiedete sich der Arzt von meinen Eltern und drehte sich zu mir um. Er schaute mich traurig an. Auf dem strahlend weißen T-Shirt des Arztes befand sich etwas leuchtend Rotes, was ich zunächst nicht erkennen konnte. Als er näherkam, sah ich es:

Es war eine rote Schleife mit den vier Buchstaben S I D A.

SIDA - das französische Wort für AIDS.

Verstört wich ich einen Schritt zurück, als der Arzt an mir vorbei zur Tür ging. Direkt vor meinen Augen zogen die vier schrecklichen Buchstaben an mir vorüber.

Nachdem er das Haus verlassen hatte, herrschte lange Stille. Wie erstarrt blieb ich an der Tür und traute mich kaum zu atmen.

Nach unerträglich langen Minuten, fing meine Mutter schließlich leise an zu weinen.

Später erklärte meine Mutter mir dann:

„Moussa, Dein Vater ist schwer krank und kann nicht mehr arbeiten. Du darfst nicht mehr zur Schule gehen. Du musst mir helfen, Geld zu verdienen. Sonst haben wir nichts zu essen."

Was ich natürlich tat. Ich stellte auch keine weiteren Fragen mehr, kannten wir doch genug Nachbarn, die an dieser Krankheit bereits gestorben waren. Nun kam zusätzlich zu der Trauer um Ibrahima auch noch die Sorge um meinen Vater. Von Woche zu Woche wurde Mohamed schwächer, diese ganze schreckliche Krankheit zog sich über mehrere Monate hin. Und wir mussten hilflos zusehen, wie er immer dünner und kränker wurde. Zum Schluss lag er nur noch apathisch in seinem Bett und meine Mutter gab ihm ein wenig Tee zu trinken.

Eines Morgens, während des Ramadans, weckte mich Djaka ganz früh. Es war noch stockdunkel draußen und ich murmelte verschlafen:

„Mama, ich muss heute nicht fasten, ich habe gestern schon gefastet. Heute darf ich noch etwas liegen bleiben".

Meine Mutter hörte aber nicht auf, an meinem Arm zu rütteln, und schrie:

weiter, bis zu dem Morgen, an dem mich ein neuer Schicksalsschlag erwartete.

Wie jeden Tag fegte ich gerade unser Schlafzimmer aus, als ich unter dem Bett meiner Mutter ein kleines Buch bemerkte. Es musste ihr wohl heruntergefallen sein. Nichts Böses ahnend hob ich es auf und wollte es auf das kleine Regal zurückstellen. Da sah ich auf dem Titelbild wieder die verhasste, leuchtend rote Schleife!

Mit Herzklopfen öffnete ich das Buch und durchblätterte es hektisch. Ich konnte damals schon ein wenig Französisch lesen und stellte erschrocken fest, dass in dem Buch die Lebensgeschichten Aids-Kranker aus Guinea erzählt wurden.

„Was wollte Mama mit diesem Buch? War es eine Erinnerung an meinen toten Vater?" schoss es mir durch den Kopf.

Als ich eine weitere Seite umschlug, blickte mich plötzlich meine Mutter von einem Foto an. Ich sah in ihre traurigen Augen. Wie versteinert stand ich in dem Schlafzimmer und las das gesamte Interview mit ihr, in dem sie berichtete, wie mein Vater starb und dass auch sie sich bei ihm mit AIDS infiziert hätte...

Es war wie ein Schlag vor den Kopf, als ich begriff, dass auch ihre Tage gezählt waren. Durch dieses Buch erfuhr ich, dass auch meine Mutter bald sterben würde. Sie hatte mir nichts gesagt.

Die darauffolgenden Tage sind mir nur verschwommen in Erinnerung. Mechanisch erledigte ich meine Aufgaben und war nur froh über die viele Arbeit, lenkte sie mich doch ein wenig ab. Ich wollte die Wahrheit nicht akzeptieren. So machte ich immer weiter und versuchte, alles zu verdrängen. Was mir tagsüber gut gelang, funktionierte nachts leider überhaupt nicht. Stundenlang lag ich wach, und die Gedanken kreisten in meinem Kopf.

Warum habe ich die Krankheit nicht schon vorher bemerkt? Vielleicht hätte man ihr früher helfen können? Kann der Arzt Mama jetzt noch retten? Was wird aus mir, wenn auch sie stirbt, so zermarterte ich mir immer wieder das Gehirn.

Aufmerksam beobachtete ich meine Mutter während der nächsten Wochen.

Sie war eindeutig nicht mehr so lebhaft wie früher, aber hing das nicht vielleicht mit dem Tod meines Vaters zusammen? War sie vielleicht doch schon schwächer als letzte Woche? Hustete sie? Warum lag sie so häufig im Bett? Die Sorgen nahmen kein Ende.

Meine Mutter versuchte nach wie vor, die Krankheit vor mir zu verheimlichen. Aber als auch sie anfing, Medikamente zu nehmen, musste ich der Wahrheit ins Auge schauen. Durch den Tod meines Vaters war ich wohl die ganz Zeit vorher zu traumatisiert, um mitzubekommen, dass auch meine Mutter erkrankt war. Schließlich verschlechterte sich ihr Zustand - zwar langsam, aber unaufhörlich. Genauso wie mein Vater wurde auch sie von Tag zu Tag schwächer. Zahllose Infekte fesselten sie ans Bett. Ich versuchte so gut wie möglich, sie zu versorgen. Aber was konnte ich schon tun, außer ihr ein wenig süßen Tee ans Bett zu bringen?

Zum Schluss war Djaka so krank, dass der Imam einer Verwandten Bescheid sagte. Meine Tante Mariam, die ich noch nie zuvor gesehen hatte, reiste aus dem Ort Sangaredi zu uns, um Mutter ins Krankenhaus zu bringen. Als das Taxi kam, wollte ich zusammen mit ihr einsteigen. Aber Mariam hielt mich grob am Arm zurück. Barsch befahl sie mir:

„Du bleibst hier, Moussa. Pass auf euer Haus auf. Du weißt doch, dass ein Haus nicht leer stehen darf, sonst ziehen einfach fremde Menschen dort ein, und wir bekommen sie nie wieder raus!“

Mir liefen die Tränen über das Gesicht, als das Taxi mit meiner Mutter in der Ferne verschwand.

Zurückgelassen (Moussa)

Die nächsten Tage vergingen grauenhaft langsam. Wie ein Hund, den man ausgesetzt hatte, saß ich reglos Stunde um Stunde in unserem Haus und wartete. Draußen auf der Straße hörte ich meine Freunde spielen und lachen, aber es kam mir vor, als seien sie in einer anderen Welt. Ich traute mich nicht, zu ihnen zu gehen, und gehorchte dem Befehl meiner Tante. Irgendwie glaubte ich wohl, wenn ich geduldig hier ausharren würde, käme Mama wieder, und alles wäre so wie früher. So zogen sich die Tage endlos dahin und ich erwartete ängstlich die Dämmerung. Brach die Nacht herein, wurde es noch schlimmer: Tagsüber hörte ich wenigstens noch die Nachbarn reden und lachen, aber nachts war alles so totenstill, dass nichts meine schrecklichen Gedanken mehr vertrieb. Weinend lag ich in der Dunkelheit in meinem Bett und fragte mich angsterfüllt, ob ich meine Mutter je wiedersehen würde.

„Was, wenn Mama nicht wiederkäme? Wie sollte ich ohne sie weiterleben? Musste ich dann den Rest meines Lebens alleine hier bleiben?"

Der einzige Lichtblick in dieser schweren Zeit war, wenn die Nachbarin mir einmal am Tag etwas zu essen brachte. Die warme Mahlzeit zusammen mit ihren freundlichen Worten war ein kleiner Trost in meiner Einsamkeit.

Nach einer endlos langen schrecklichen Woche hielt eines Morgens ein Taxi vor unserer Haustür. Mariam stieg aus und sagte kurzangebunden zu mir:

„Deine Mutter ist gestern gestorben. Wir haben sie schon beerdigt. Ich hatte keine Zeit, dich zu holen, es ging alles zu schnell. Pack deine Sachen, du kommst jetzt mit zu mir!"

So verließ ich meine Heimat und fuhr verängstigt mit einer mir fremden Frau zu der unbekannten Stadt Sangaredi. Während der neunstündigen Busfahrt kümmerte sich meine Tante überhaupt nicht um mich. Kein Wort des Mitleids kam über ihre Lippen, sie schien nicht die geringste Ähnlichkeit mit meiner freundlichen Mutter zu haben. Spätabends erreichten wir erschöpft ihr Haus. Dort wartete der Onkel auf uns und begrüßte mich vorwurfsvoll mit den Worten:

„Sei froh, dass wir dich aufnehmen, schließlich wissen wir ja nicht, ob du dich nicht auch angesteckt hast. Wer will schon ein Aids-krankes Kind?“

Onkel und Tante hatten keine eigenen Kinder, weshalb ich trotz des unfreundlichen Empfangs immer noch im Stillen hoffte, sie wollten mich als ihren Sohn annehmen. Falsch gedacht - bereits am nächsten Morgen wurde ich um sechs Uhr früh geweckt und mir meine Arbeit gezeigt. Wie sich nun herausstellte, brauchte meine Tante nur jemanden, der ihr die viele Hausarbeit abnahm. Das war auch der einzige Grund, weshalb sie mich aufnahm.

Von nun war ich der erste, der morgens aufstand, und der letzte, der abends ins Bett ging. Den ganzen langen Tag musste ich meine Verwandten bedienen. Zur Schule ging ich nur alle paar Wochen, wenn Mariam zufällig gute Laune hatte, was selten genug der Fall war. Ich hatte keine Freunde, mit denen ich spielen durfte, und mein Leben war eine einzige Aneinanderreihung von deprimierenden, langen Arbeitstagen...

Deshalb kann ich mich auch noch so gut an den 14. September 2016 erinnern, an dem Ibrahima mich anrief, der Wendepunkt in meinem trostlosen Dasein...

Eine unerwartete Reise (Moussa)

Es war früh am Morgen und ich war mit den üblichen Hausarbeiten beschäftigt. Auf einmal klingelte das Telefon. Da meine Tante noch schlief, ging ich ran und hörte die laute Stimme von Ibrahima. Neun Jahre lang hatte ich ihn weder gesehen noch gesprochen, aber ich erkannte seine Stimme sofort wieder. Mein Herz klopfte wie verrückt, als er mir ins Ohr schrie:

„Moussa, Moussa, ich habe gerade ein Video gesehen: Da geht es um Jungen, die aus Guinea weggehen, für ein besseres Leben in Europa! Was sagst du dazu? Sollen wir das auch machen?“

Ich dachte nach. Was hatte ich zu verlieren? Seit dem Tod meiner Eltern wurde ich von Mariam wie ein Sklave behandelt. Ich lebte wie in einem Gefängnis und das seit nunmehr acht Jahren...

Ich war also noch verzweifelter als Ibrahima. So beschlossen wir gemeinsam:

Jede Veränderung ist eine Verbesserung. Und auch wenn das Risiko, auf der Flucht zu sterben, groß war, es war uns egal!

Nachdem ich aufgelegt hatte, nutzte ich die Zeit, in der meine Tante noch schlief und rief unseren älteren Bruder Pepe an. Glücklicherweise konnte ich ihn auf dem Handy eines Freundes erreichen. Ich erzählte Pepe von dem Plan, nach Europa zu fliehen.

Pepe dachte nicht lange nach, auch er war als Tagelöhner in einer ausweglosen Situation und wollte die Flucht riskieren. Die Frage war nur, wie? Pepe sagte: *„Ich frage mal meine Freunde, vielleicht weiß jemand, wie man nach Europa kommt. Ich rufe dich dann wieder an!“*

Drei Tage lang musste ich ungeduldig warten, bis endlich frühmorgens wieder das Telefon klingelte. Pepe erzählte mir von den sogenannten Fluchthelfern, die die Fahrt auf Pick-ups durch die Wüste organisieren und auch Mittelsmänner in Libyen haben, die Schlauchboote für die Überfahrt auf dem Mittelmeer beschaffen. Das alles kostete Geld, viel Geld. Pro Person etwa 2.000 EUR.

„Wie sollen wir für uns drei jemals 6.000 EUR beschaffen, wenn Du nur 30 € im Monat verdienst und ich gar nichts?" fragte ich Pepe verzweifelt.
Dann berichtete mir Pepe etwas Unglaubliches:

„Weißt du, Moussa, damals als Mama starb, und die Tante aus Sangaredi dich abholte, hatte sie bei der Abfahrt aus Mamou vergessen, die Besitzurkunde für unser Haus mitzunehmen. Der Imam rief mich damals an, um mir zu sagen, dass Mama gestorben war. Er befahl mir, sofort nach Mamou zu kommen und die Besitzurkunde zu suchen. Ich fuhr dann am nächsten Morgen gleich los und suchte überall nach der Urkunde, bis ich sie schließlich hinter dem Kühlschrank fand. Mir fiel ein, wie Vater sie dort versteckte. Ich ging mit der Urkunde dann zum Imam und fragte ihn, was ich nun damit machen sollte."

Der Imam schlug mir seinerzeit vor:

„Pepe, ich kann dir helfen, die Hütte jetzt zu verkaufen, aber dann habt ihr kein zu Hause mehr. Vielleicht ist es besser, ihr wartet noch, bis ihr wisst, ob ihr noch weiter in Conakry leben werdet oder vielleicht doch nach Mamou zurückkommt. Wenn du damit einverstanden bist, bewahre ich die Urkunde bei mir auf. Das ist sicherer, als wenn du sie mitnimmst. Ich kann so lange auf eure Hütte aufpassen, bis ihr wisst, was ihr mit damit machen wollt."

„Ich war damals ja auch erst zwölf und hatte keine Ahnung, was ich tun sollte. Also war ich froh, dass der Imam für mich auf das Haus und die Urkunde aufpassen wollte!“

„Warum hast du mir das nie erzählt?“

„Ach Moussa, weißt du nicht mehr wie traurig du nach Mamas Tod warst? Ich konnte mit dir nicht darüber reden, ich war doch selbst zu geschockt. Und dann habe ich die letzten Jahre über Mamou und unsere Eltern gar nicht mehr nachgedacht. Ich wollte das alles einfach nur vergessen!“

„Ja, das kann ich verstehen,“ antwortete auch ich traurig und dachte daran, wie anders die letzten Jahre gewesen wären, würden unsere Eltern noch leben.

Aber Pepe riss mich aus meinen trübsinnigen Gedanken, indem er vorschlug:

„Lass uns nach vorne schauen, Moussa. Wir müssen versuchen, dieses verdammte Land zu verlassen. Das ist die einzige Chance, die wir haben. Ich nehme morgen den ersten Bus nach Mamou, spreche mit dem Imam und versuche, das Haus zu verkaufen. Ich melde mich dann wieder“

Schon eine Woche später klingelte erneut das Telefon. Wir hatten verabredet, dass Pepe wieder ganz früh anrufen sollte, solange meine Tante noch schlief. Dieses Mal klang Pepes Stimme aber irgendwie merkwürdig.

„Ich habe das Haus verkauft, aber nur 4.000 EUR bekommen, mehr war nicht drin. Das Geld reicht nicht für uns drei.“ sagte er mit tonloser Stimme.

„Und nun? Was machen wir jetzt?“ flüsterte ich aufgeregt, durfte meine Tante doch auf gar keinen Fall etwas mitbekommen.

„Ich habe mit einem Freund gesprochen, der jemanden kennt, der es nach Europa geschafft hat. Das Problem ist, alle Flüchtlinge, die älter als achtzehn Jahre sind, werden wahrscheinlich wieder zurückgeschickt nach Afrika. Ich bin mit meinen zwanzig Jahren also schon zu alt. Du und Ibrahima seid aber erst fünfzehn, wenn ihr es nach Europa schafft, dürft ihr auf jeden Fall sicher drei Jahre bleiben. In den drei Jahre könnt ihr zumindest versuchen, Geld zu verdienen. Oder ihr habt Glück und bekommt einen deutschen Pass. Auf jeden Fall sind eure Chancen viel größer als meine."

„Willst du nicht mitkommen?" fragte ich entsetzt. Die Vorstellung, ohne ihn zu fliehen, war mir unerträglich. Ich wollte nicht auch noch ihn verlieren. Der letzte, der neben Ibrahima noch von meiner Familie übrig war.

„Du musst mit Ibrahima allein gehen", sagte Pepe eindringlich. *„Alles andere macht keinen Sinn. Das ist unsere einzige Möglichkeit. Wenn ihr es schafft, könnt ihr mich vielleicht später nachholen, oder wenigstens Geld schicken."*

„Okay, wenn du das willst, dann machen wir das", sagte ich traurig.

Damals war ich noch voller Hoffnung, dass wir drei Brüder uns bald in Europa wiedersehen würden. Deshalb vergaß ich auch, mich bei Pepe für sein großes Opfer zu bedanken. Hätte er das ganze Geld einfach für sich behalten, wäre ich jetzt nicht in Deutschland, sondern immer noch der Sklave meiner Tante – wenn ich überhaupt noch leben würde.

Ich war von der Situation überfordert und konnte deren weitere Bedeutung für mein Leben nicht begreifen. Überschlugen sich doch dann die Ereignisse...

2. Teil

Flucht

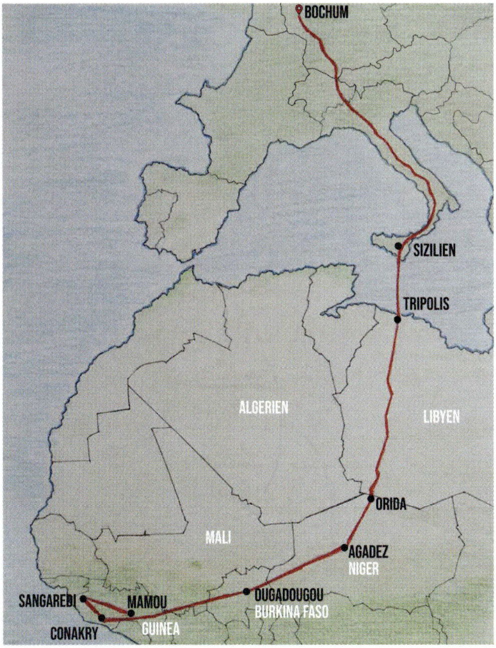

Sangaredi (Moussa)

Im 28. September 2016 stand ich um vier Uhr morgens auf. Leise schlich ich mich in die Küche. Im Küchenschrank stand eine alte Tasse. Hier bewahrte meine Tante immer das Haushaltsgeld auf. Ich nahm mir 20.000 Guinea Francs, etwa 2 Euro, für die Busfahrt heraus. Dann verließ ich leise das Haus. Ich musste unbedingt fort sein, bevor meine Tante erwachte und bemerkte, dass ich weg war. Es war stockdunkel, als ich zur Bushaltestelle lief. Mein Herz klopfte wie verrückt. Ich wartete panisch an der Haltestelle und betete, dass der Bus endlich kommen würde. Nervös schaute ich mich immer wieder um, ob mich jemand hier im Dunkeln erkennen und zu meiner Tante zurückbringen würde. Ich zog mir die Baseballkappe tief ins Gesicht, als ein anderer Reisender kam. Schaute mich der Mann misstrauisch an? Kannte er mich?

Ich drehte mich weg, damit er mein Gesicht nicht erkennen konnte. Die Minuten kamen mir vor wie Stunden. Ich wagte kaum zu atmen... plötzlich hörte ich ein leises Geräusch von Motorenlärm. Ich schaute vorsichtig die Straße hinunter und sah in der Ferne kleine Lichter, die langsam, sehr langsam näherkamen. War das der Bus? Oder die Polizei, die so häufig nachts auf Patrouille war? Die Lichter näherten sich und die Umrisse tauchten auf. Es war ein sehr großes Fahrzeug, zu groß für das übliche Polizeiauto. Die Konturen wurden schärfer und ich konnte endlich das Schild vorne auf dem Fahrzeug erkennen:
CONAKRY stand dort geschrieben.

Ich hätte heulen können vor Erleichterung. Aber ich riss mich zusammen, auch wenn es mir schwerfiel. Der Bus näherte sich und hielt schließlich mit einem lauten Quietschen an. Schnell huschte ich hinein, kaufte die Fahrkarte, ohne mein Gesicht zu zeigen. Ich setzte mich schnell auf die letzte Bank, ganz hinten in die Ecke. Als der Bus endlich wieder weiterfuhr, sackte ich erschöpft zusammen. Geschafft!

Conakry (Moussa)

Nach zehn endlos langen Stunden, in denen ich vor Aufregung kaum still sitzen konnte, erreichten wir endlich den Busbahnhof von Conakry. Ungeduldig rannte ich zur Tür und stieg als erster aus. Was, wenn Ibrahima nicht wie versprochen hier war? Ich konnte nicht ohne ihn nach Europa gehen. Dann wäre alles umsonst gewesen und ich musste wieder zurück zu der Tante, wo sollte ich auch sonst hin, ohne Geld? Nervös sah ich mich um: Ein unglaublicher Lärm empfing mich, überall Menschen, die mit ihrem Gepäck geschäftig hin und her liefern, Händler schrien, Kleinkinder heulten, Autos hupten, mir wurde schwindelig, ich wäre beinahe hingefallen, als mich eine Hand an der Schulter packte... Ich drehte mich um und blickte in das angespannte Gesicht von Ibrahima.

Zum ersten Mal nach neun Jahren sahen wir uns wieder und ich staunte, wie erwachsen Ibrahima inzwischen war. Fast hätte ich ihn nicht erkannt: Aus dem immer fröhlichen, kleinen Jungen war ein sehniger und ernster Jugendlicher geworden. Auch in seinen Augen erkannte ich die Traurigkeit der letzten Jahre. Um unsere Verlegenheit zu überspielen, lachten wir erst einmal über unser Aussehen und machten Witze, dass ich etwas größer war als er.

„Siehst Du, Ibrahima, Das kommt durch die vielen Schläge auf deinen Kopf, hättest du mal auf mich gehört und in der Koranschule besser aufgepasst, dann wärst du jetzt auch so groß wie ich".

Es tat unendlich gut, einfach wie früher mit Ibrahima herumzualbern. Während wir auf das Sammeltaxi nach Ougadougou warteten, erzählten wir uns in groben Zügen, was in den letzten neun Jahre passiert war. Die schrecklichen Dinge behielten wir jeder für uns. Auch über unsere Eltern verloren wir kein Wort, es wäre zu schmerzhaft gewesen. Dann bog das Sammeltaxi um die Ecke und wir stiegen zusammen mit den anderen Leuten schnell ein, bevor es besetzt war. So verließen wir Guinea, nur mit den Sachen, die wir auf dem Leibe trugen: ein T-Shirt und Jeans. Ohne Gepäck, Proviant oder Geld. Ich hatte kaum Zeit für einen letzten Blick auf meine Heimat.

Die Reise ins Ungewisse begann.

Ougadougou (Ibrahima)

Unser erstes Ziel war Ougadougou, die Hauptstadt von Burkina Faso. Für diese Strecke von etwa 1.600 km würden wir wahrscheinlich drei bis vier Tage brauchen, erklärte uns der Fahrer, als wir ihn fragten. Nachdem wir die Küstenstadt Conakry verließen, veränderte sich die Landschaft. Neugierig schauten wir raus und sahen erstaunt kilometerlange, verwilderte Bananenplantagen an uns vorüberziehen. Wir wussten gar nicht, dass Guinea früher einer der größten Bananenexporteure der Welt war. Der alte Mann, der neben uns auf der engen Bank saß, blickte in unsere verwunderten Gesichter und erklärte:

„Heute betreibt niemand mehr Bananenplantagen, seit das Bauxit gefunden wurde, arbeiten alle nur noch in den Minen, damit verdient man viel mehr Geld."

„Was ist denn Bauxit?"

„Bauxit ist Aluminiumerz, eine Art Metall, das unter der Erde liegt. In Guinea gibt es sehr viel Bauxit. Das Auto, in dem wir hier sitzen, wurde auch aus Aluminiumblech gebaut."

„Wow! Dann ist Guinea ja eigentlich ein reiches Land, wenn man aus diesem Zeug Autos bauen kann?"

„Ja, das stimmt, eigentlich ist Guinea reich, aber was haben wir armen Leute davon, wenn unsere korrupte Regierung das ganze Geld für sich behält? Unser Land versinkt in Armut und Gewalt, weil sich einige wenige bereichern. Ihr wisst doch, dass alle Aufstände brutal beendet werden, weil die Machthaber nichts abgeben wollen."

„Ja, leider“, stimmten wir zu, kannten wir doch zur Genüge die brutalen Kämpfe zwischen der verzweifelten Bevölkerung und den Sicherheitskräften der Regierung. Oft genug waren wir nachts durch Gewehrschüsse geweckt worden.

„Wo wollt ihr hin?“, fragte der Mann uns: *„Nach Libyen? Oder etwa nach Europa?“*

„Nach Europa“, antworteten wir.

„Das ist gut! In diesem verfluchten Land habt ihr jungen Leute einfach keine Chance: Entweder ihr seid den Rest Eures Lebens Tagelöhner, was nicht zum Leben reicht, oder ihr sterbt an einer dieser verdammten Krankheiten, wie Ebola, oder ihr werdet getötet, weil ihr in irgendwelche Kämpfe verwickelt werdet. Gut, dass ihr weggeht. Ich bete für euch, dass ihr es schafft!“

Während unserer Unterhaltung hatten wir die fruchtbaren Küstenregionen verlassen und das vollbeladene Auto quälte sich nun langsam durch das bergige Hinterland von Guinea. Nachts hielt das Auto immer an. Der Fahrer musste sich ausruhen und es wäre ohnehin zu gefährlich gewesen, während der Nacht zu fahren. Die Straßen waren zu schlecht und nicht beleuchtet. Wir übernachteten entweder im Sammeltaxi oder legten uns einfach an den Straßenrand daneben.

Nach zwei Tagen Fahrt durch das Bergland erreichten wir schließlich die flacheren Savannen und näherten uns der Landesgrenze von Mali, dem Nachbarland von Guinea.

Das Sammeltaxi verlangsamte die Fahrt und hielt bei dem Kontrollposten an: Vor uns lag die Grenze zu Mali. Wir erschraken, als wir die Knüppel und Gewehre der Grenzsoldaten erkannten: Wie sollten wir jemals ohne gültige Papiere auf die andere Seite nach Mali kommen? Hatten wir nicht genug

Sammeltaxi, Quelle: Shutterstock

Geschichten von den brutalen und korrupten Soldaten gehört, die den Leuten ohne Pass, viel Geld abnahmen? Geld, das wir nicht hatten!

Quelle: https://zakhor-online.com/

Grob zerrten die Polizisten uns am Arm aus dem Sammeltaxi und schrien Moussa und mich an:

„Stellt Euch da hinten in die Reihe, dann geht ihr geht einzeln zu der Passkontrolle.“

Ängstlich sahen wir uns wir um, in der Reihe vor uns waren nur noch drei Leute, und der Soldat mit dem Gewehr im Anschlag näherte sich bedrohlich. Was sollten wir tun? Moussa flüsterte mir zu:

„Geh Du zuerst, Ibrahima, ich bleibe ein Stück zurück. Es ist besser, wir trennen uns, vielleicht kommt dann wenigstens einer von uns durch."

Mit Herzklopfen näherte ich mich dem Soldaten und versuchte ihn krampfhaft freundlich anzulächeln. Mit dem Trick, kindlich und hilflos zu wirken, war ich bislang in vielen gefährlichen Situationen durchgekommen. Aber bei diesem Mann blickte ich umsonst in seine kalten Augen. Barsch befahl er:

„Gib mir deinen Pass!"

„Ich habe ihn zu Hause vergessen", log ich. Mein Herz raste wie verrückt, als ich weiterlog: *„Ich muss dringend nach Mali, ich bringe ihnen den Pass einfach das nächste Mal mit."*

„Ha, die Geschichte höre ich jeden Tag", lachte er spöttisch. *„Wenn du keine Papiere hast, dann musst du bei mir jetzt einen Passierschein kaufen. Der kostet 5.000 CFA-Francs.[1]"* er grinste mich hämisch an und richtete sein Gewehr drohend auf meine Brust.

Panisch flüsterte ich: *„Ich habe kein Geld! Aber mein Bruder Moussa ist dahinten und er bezahlt für mich mit."*

Eher er noch antworten konnte, drängte ich mich an ihm vorbei und rannte so schnell ich konnte auf die andere Seite der Grenze nach Mali. In der sicheren Entfernung hinter dem Grenzzaun beobachte ich nervös, wie

1 *ca. 8 Euro*

Moussa zwei Minuten später den Soldaten erreichte. Der Soldat forderte nun von Moussa lautstark das Geld für uns beide. Ich sah nur, wie Moussa verneinend den Kopf schüttelte und mich panisch ansah, dann krümmte er sich plötzlich vor Schmerzen, als der Soldat ihm mit voller Wucht einen Tritt in den Magen gab. Hilflos musste ich mit ansehen, wie der Soldat wütend darüber, dass ich ihn reingelegt hatte, Moussa wieder und wieder mit Tritten malträtierte. Er hörte auch nicht auf, als Moussa schmerzgekrümmt am Boden lag, Ich konnte es nicht mehr ertragen und sah mich verzweifelt nach Hilfe um, als ich plötzlich die autoritäre Stimme des Kommandanten hörte:

„Jetzt lass doch den Jungen endlich in Ruhe, das ist doch noch ein Kind – lass ihn einfach durch."

Mühsam richtete Moussa sich auf und stolperte auf meine Seite der Grenze. Blutend und humpelnd ging er an mir vorbei und stieg wortlos in das wartende Sammeltaxi. Ich konnte Mousa nicht in die Augen sehen. Wir haben nie wieder ein Wort darüber gesprochen, aber ich habe mir bis heute nicht verziehen, dass ich damals eine solche Angst um mein Leben hatte und einfach weglief, Moussa im Stich ließ und er meine Prügel bekam. Diese Szene verfolgte mich noch lange Jahre in meinen Albträumen.

So überstanden wir die erste Grenze, der noch viele weitere folgend sollten: Guinea – Mali - Burkina Faso – Mali - Niger – Libyen, das sind fünf Grenzübergänge, bei denen man jedes Mal sein Leben riskiert. Fünf Grenzübergänge mit höchster Todesangst...

Vollkommen ausgelaugt von der brutalen Szene, saßen wir während der nächsten zwanzig Stunden erschöpft im Sammeltaxi. Einer der Mitreisenden half Moussa, die Wunden notdürftig zu verbinden, und er schlief die meiste Zeit, bis wir schließlich abends Ouagadougou erreichten. Das Sammeltaxi hielt an und wir mussten nun auf den Bus nach Agadez im Niger warten. Erschöpft legten uns einfach in eine ruhige Ecke des Busbahnhofs. Früh am nächsten Morgen gingen wir vor den Bahnhof und beteten zu Allah um eine sichere Weiterfahrt.

Aus dem Augenwinkel sahen wir, wie plötzlich ein rotes Auto direkt neben uns scharf bremste und anhielt. Ein Mann stieg aus und fragte uns:

„Wollt ihr nach Europa?“

Fassungslos sahen wir ihn an und nickten nur stumm.

Er sagte: *„Ihr werdet es schaffen, das weiß ich. Ihr kommt sicher an eurem Ziel an!“*

Mit diesen Worten drehte er sich um, stieg wieder in sein Auto und fuhr einfach weg. Wir standen nur sprachlos da und schauten ihm nach. Wir konnten nicht glauben, was passiert war, und mussten unbedingt mit jemandem darüber reden. So erzählten wir später im Bus einer alten Frau, die neben uns saß, von der merkwürdigen Begegnung. Die Frau hörte sich unsere aufgeregte Schilderung geduldig an und erklärte dann:

„Das war ein Seher. Habt ihr noch nie mit einem Seher Kontakt gehabt?“

„Nein, eher nicht“, antworteten wir zweifelnd.

„Das ist erstaunlich, normalerweise befragt man immer einen Seher, bevor man eine wichtige Entscheidung im Leben trifft oder eine weite Reise macht. Vielleicht seid ihr noch zu jung, aber eure Eltern müssten das eigentlich wissen.“

Als wir ihr sagten, dass unsere Eltern schon vor Jahren gestorben waren, antwortete sie:

„Ach so, deshalb kennt ihr das nicht. Es gibt Menschen, die die Gabe haben, verborgene Informationen zu erhalten. Als der Seher an euch vorbeifuhr, musste er wohl seiner Eingebung gefolgt sein. Seid glücklich, dass er euch eine sichere Reise vorausgesagt hat, denn das wird dann auch so eintreffen!"

Zwar hatten wir schon von Nachbarn gehört, die vor einer möglichen Hochzeit Wahrsager befragten - aber selbst begegnet waren wir noch keinem. Wir fühlten uns auf jeden Fall ermutigt und waren wieder voller Hoffnung für die Weiterfahrt.

Die Strecke von Ougadougou nach Agadez im Niger war 1.500 km lang, wofür der Bus etwa vier Tage benötigte. Nachdem wir die Randbezirke der Stadt verließen, erreichten wir die Sahelzone, die Übergangszone zwischen der Wüste Sahara im Norden und den noch bewohnten Gebieten. Je weiter wir in die Sahelzone eindrangen, desto stiller wurden wir. Die Landschaft wurde immer feindlicher: Immer mehr Geröll und Sand, die Straße wurde noch schlechter, und es wurde noch heißer...

Agadez (Ibrahima)

Am späten Abend des vierten Tages erreichten wir die Wüstenstadt Agadez.

In Agadez, dem Drehkreuz für Menschenhandel, landeten Flüchtlinge aus ganz Westafrika, die ihren Schleuser für die Fahrt nach Tripolis, der Hauptstadt Libyens, suchten. Aber auch diejenigen, die ihre Flucht aufgaben und wieder zurück in ihr Heimatland wollten, strandeten hier. 2016 waren mehr als 120.000 Flüchtlinge in Agadez. Auch wir sollten hier den Schleuser für die Fahrt nach Libyen treffen. Verschlafen stiegen wir aus und betrachteten erstaunt das Chaos um uns herum. Der Busbahnhof war brechend voll: Sehr viele junge Männer, aber auch übermüdete weinende Kinder mit ihren erschöpften Eltern und die üblichen Straßenhändler, die lautstark ihre Waren verkauften. Suchend und verunsichert blickten wir uns um. Wie sollten wir in dieser Menschenmenge unseren Schleuser finden? War doch sein Foto das einzige, was wir bei unserer Abfahrt in Guinea bekommen hatten.

Ein junger Mann saß mit einem merkwürdig verdrehten Bein auf der Erde. Wir fragten ihn, wo die Pick-ups nach Tripolis, Libyens Hauptstadt, abfahren. Er bedachte uns mit einem verstörten Blick und antwortete:

„Macht das nicht! Die Fahrt durch die Wüste ist die Hölle. Ich habe es versucht und bin vom Pick-up gefallen, der Fahrer fuhr viel zu schnell. Ich hatte noch Glück, dass ich mir nur mein Bein brach - der Mann neben mir fiel auch runter und war sofort tot!“.

Moussa und ich sahen uns entsetzt an. Was sollten wir tun? Es trotzdem riskieren? Noch konnten wir den nächsten Bus nach Guinea zurück nehmen. Aber war das eine Alternative? Was erwartete uns in Guinea? Das gleiche elende Leben als Sklave, und vor allem ohne jegliche Hoffnung auf eine Zukunft. Stumm blickten wir uns an und beschlossen, die Fahrt zu wagen. Alles war besser als unser altes Leben.

Der junge Mann erkannte unsere Entschlossenheit und erklärte resigniert den Weg:

"Die Pick-ups nach Tripolis fahren nur einmal die Woche ab. Wenn alles gut geht, immer Montags. Heute ist Samstag, in zwei bis drei Tagen sollten sie zurück sein. Geht einfach dahinten zu der Tankstelle", müde deutete er in die Richtung: *"Wartet dort auf die Autos. Wenn sie kommen, zeigt allen Fahrern das Foto, bis ihr den richtigen Schleuser findet!"*

„Okay", antworteten wir und gingen zur Tankstelle, wo wir uns in den Schatten einer Dattelpalme setzten und warteten. Wie zuvor hatten wir kein Geld für Essen, daher sammelten wir einfach die heruntergefallen Datteln auf und kauten solange auf ihnen herum, bis unsere Mägen nicht mehr ganz so laut knurrten. Glücklicherweise gab es in der Nähe einen öffentlichen Brunnen, so dass wir genügend Wasser hatten. Im Laufe der nächsten Tage kamen immer mehr Flüchtlinge zu uns, die auch alle nach Tripolis wollten. Schließlich müssen wir einige Hunderte gewesen sein und es wurde immer voller und chaotischer.

Gegen Mittag des dritten Tages sahen wir in der Ferne auf der Piste eine Staubwolke auf uns zurasen. Unruhe breitete sich aus, alle sprangen aufgeregt auf und rannten den Pick-ups entgegen. Staubbedeckte zerbeulte Autos bremsten scharf an der Tankstelle, erschöpft aussehenden Fahrer stiegen aus, tankten voll und füllten Wasserkanister.

Die Strecke von Agadez bis Tripolis ist 2.768 km lang. Das ist etwa so weit wie von Hamburg nach Malaga in Südspanien. Nur mit dem Unterschied, dass man die Strecke in Europa auf gut ausgebauten Autobahnen in 24 Stunden bewältigen kann. Die Fahrt nach Tripolis führte jedoch auf holprigen Pisten-Straßen mitten durch die Wüste.

Fährt man Tag und Nacht durch, schafft man den Weg mit viel Glück in vier bis fünf Tagen. Glück braucht man, um keinen Unfall oder kaputten Reifen zu haben über eine Landmine zu fahren. Um den lebensgefährlichen Überfällen durch Banditen zu entkommen, darf man nicht anhalten. Sehen doch die Wüstenbewohner, die praktisch nichts zum Leben haben, ihre einzige Einkommensquelle darin, die Pick-ups mit den Flüchtlingen zu überfallen.

Deshalb fahren immer mindestens zwei Pick-ups im Konvoi, um sich in Notsituationen gegenseitig zu helfen und zu verteidigen. Auch gibt es in jedem Wagen zwei Fahrer, die sich abwechseln. Einer fährt und der andere hält die Kalaschnikow bereit, zur Abwehr eines möglichen Überfalls.

Die Autos halten während der gesamten vier Tage nur wenige Minuten an einem der wenigen Brunnen an, um das überlebenswichtige Wasser aufzufüllen. Und auch das nur im Schutz der Dunkelheit. Stoppt man im hellen Tageslicht, wäre man von den Banditen kilometerweit zu erkennen. Schon viele Konvois wurden überfallen: Die Fahrer mussten ihr Geld und Auto abgeben, die Flüchtlinge wurden gekidnappt und als Sklaven verkauft! Niemand weiß genau, wieviel Tausende von Menschen in der Sahara einfach verschwinden – es sind weitaus mehr, als auf dem Mittelmeer ertrinken.

All das wussten wir nicht, als wir die Reihe der Pick-ups entlang gingen und allen Fahrern das Foto von unserem Schleuser zeigten. Nachdem wir einige Leute befragten, erkannte einer den Mann und sagte:

„Das ist Abdul, er steht dahinten, zwei Pick-ups hinter mir."

Erleichtert liefen wir hin und zeigten Abdul sein Bild. Er nickte und erklärte:

„Alles klar. Wir essen, ruhen uns aus und fahren bei Sonnenuntergang los. Wartet hier solange."

Kurz vor Sonnenuntergang kam Abdul zurück und befahl allen aus unserer Gruppe ihr Gepäck, bis auf eine kleine Tasche, zurückzulassen und die Schuhe auszuziehen. So sollte jeder Zentimeter der kostbaren Ladefläche des Pick-ups ausgenutzt werden. Hätten dort normalerweise zehn Personen gut sitzen können, war der Profit für die gefährliche Fahrt natürlich größer, wenn man zwanzig Personen mitnahm. Also versuchte Abdul, so viele Menschen wie möglich unterzubringen, und die Schuhe der Flüchtlinge hätten nur unnötig Platz weggenommen.

Dann gab Abdul jedem von uns eine Flasche Wasser und einen dicken Knüppel. Erstaunt blickten wir auf den Stock. Was sollten wir damit? Uns gegen die Banditen mit ihren Gewehren verteidigen? Nein – Abdul zeigte uns, wie man den Knüppel in den Boden der Ladefläche rammte, um sich daran festzuhalten! So hatte man etwas, woran man sich während der Fahrt über die holprigen Pisten klammern konnte. Ob das wirklich half, nicht herausgeschleudert zu werden? Wir hatten keine Ahnung - aber was sollten wir machen? TÜV-geprüft war dieser "Sahara-Sicherheitsgurt" wohl eher nicht.

Angespannt kletterten wir zusammen mit den anderen Flüchtlingen auf die Ladefläche. Was würde uns erwarten? Würden wir lebend in Tripolis ankommen? In unserer Gruppe waren auch drei Frauen aus Guinea und zwei weitere aus der Elfenbeinküste. Die Frauen bekamen die sichersten Plätze in der Mitte der Ladefläche - wer am Rand saß, war dem Tod viel näher.

Später erfuhren wir, dass zwei der Frauen auf dem Mittelmeer ertranken. Was aus den anderen wurde, wissen wir bis heute nicht. Nun lag der gefährlichste Teil unserer Reise vor uns:
2.800 km mitten durch die Sahara!

Sahara, Quelle: Alamy

Sahara (Ibrahima)

Sahara hört sich für viele Europäer so romantisch an. Wenn Touristen einen organisierten Sahara-Trip buchen, denken sie an großartige Jeep Fahrten, Kamelreiten und Lagerfeuer-Romantik im Luxuszelt. Dabei wird leicht vergessen, dass die Sahara einer der lebensfeindlichsten Orte auf der Erde ist. Nicht nur die extremen Temperaturen von bis zu 60 Grad sind tödlich, auch scheint die Sonne unbarmherzig jeden Tag elf Stunden, und es gibt fast keinen Regen. Diese Trockenwüste besteht nur aus Sand, Steinen und einigen wenigen Tiere und Pflanzen, die es geschafft haben, sich diesen extremen Bedingungen anzupassen und zu überleben. Ein Mensch stirbt schon nach einen einzigen Tag ohne Wasser und Schatten.

Die enorme Ausdehnung der Sahara, die sich über eine Fläche so groß wie Europa ausstreckt, stellt eine weitere Gefahr dar, wie leicht verirrt man sich. Jede falsche Abbiegung oder jede noch so kleine Panne beim Auto kann tödlich sein. Wer soll einem hier helfen? Der ADAC kommt bestimmt nicht vorbei.

Der Pick-up rumpelte los und unsere ganze Konzentration lag darauf, nicht herunter geschleudert zu werden. Bei jedem Schlagloch wurden wir hochgeworfen und hielten uns krampfhaft an unseren Stöcken fest. Jede Bodenwelle, bei der der Pick-up teilweise gefährlich in Schieflage geriet, konnte tödlich enden. Eng zusammengepfercht hockten wir angsterfüllt auf der Ladefläche des Pickups.

Dann wurde es noch schlimmer: Die Sonne ging auf. Nun kamen elf gnadenlose Stunden, in denen die Sonne unbarmherzig direkt auf uns schien – ohne jeglichen Schatten! Die Frauen hatten durch ihre Kopftücher wenigstens einen geringen Schutz. Wir hatten nichts gegen die Sonne und den Staub. Also zogen wir unsere T-Shirts aus und wickelten sie um den Kopf. Die Mittagssonne, die direkt auf unsere Köpfe schien, war unerträglich heiß.

Später erfuhren wir, dass es zwischen 50 und 60 Grad waren. Viele von uns hatten Kreislaufprobleme, Schwindel und Kopfschmerzen durch diese extremen Temperaturen. Wir bekamen brennenden Durst, unsere Zungen waren geschwollen und klebten am Gaumen fest. Der eine Liter Wasser, den Abdul uns gab, war schon lange aufgebraucht. Am Abend des ersten Tages in der Sahara ging es uns allen so schlecht, dass wir kaum noch die Kraft hatten, uns festzuhalten.

Dann passierte noch etwas Schrecklicheres: Moussa war bei der Abfahrt in Agadez zu langsam gewesen. Er kletterte als einer der letzten auf den Pick-up und bekam dadurch den schlechtesten Platz überhaupt: direkt am Ende der Ladefläche. Er saß praktisch auf dem Rand, da wo man am schnellsten runterfällt.

Nach den endlosen Stunden in der Hitze war er dermaßen entkräftet, dass seine Arme durch die permanente Muskelanspannung verkrampften und zitterten. Er konnte seinen Stock nicht mehr mit genügend Druck in den Boden des Pick-ups stemmen und rutschte Zentimeter für Zentimeter weiter nach vorne – hin zu dem Ende der Ladefläche. Er geriet in Panik, sein Stock fiel ihm aus den Händen und er rutschte noch ein Stück weiter an den Rand. Nur noch wenige Zentimeter trennten ihn von dem Wüstenboden. Eine weitere Bodenwelle gab ihm den Rest, mit einem Aufschrei glitt er noch weiter, als ihn plötzlich ein kräftiger Arm packte und zurückzog. Der Senegalese, der neben ihm saß, hielt ihn so lange eisern am Oberarm fest, bis er sich verzweifelt zurückkämpfen konnte. Zentimeter für Zentimeter zurück auf die sichere Ladefläche. Der Senegalese sagte keuchend vor Anstrengung zu Moussa:

"Halt dich an meinem Arm fest, ich bin kräftiger und schwerer als Du, wenn du dich an mir festhältst, haben wir zusammen mehr Gewicht und fallen nicht so leicht runter."

Als die anderen aus der Gruppe bemerkten, dass Moussa beinahe gestürzt wäre, klopften sie in ihrer Verzweiflung immer heftiger an die Scheibe zum Fahrerhaus:

„Wir brauchten Wasser, wir verdursten! Wir können uns nicht mehr festhalten. Halt endlich an und gib uns Wasser!“, schrien sie immer wieder dem Fahrer zu.

Aber Abdul fuhr unbeirrt weiter.

Durch unsere Schwäche müssen wir wohl kurz weggedöst sein. Geweckt wurden wir, als der Pick-up plötzlich anhielt. Es war inzwischen stockdunkel. Wir hatten keine Ahnung, wo wir waren. Noch dazu waren wir durch den Wassermangel und die Strapazen der Fahrt wie benommen. Abdul sagte zu uns:

„Steigt aus, dahinten in dem verlassenen Dorf ist ein alter Brunnen.“

Alle sprangen vom Pick-up und taumelten in die angezeigte Richtung. Im Dunkeln konnten wir kaum etwas erkennen, bis Abdul uns mit einer Taschenlampe den Brunnen zeigte. Neben dem Brunnen war ein kleiner Tümpel mit schmutzigem braunem Wasser. Abdul warnte uns:

„Trinkt nur das Wasser aus dem Brunnen, das kommt aus der Tiefe und ist etwas sauberer - trinkt nicht aus dem Tümpel.“

Gierig füllten wir unsere Flaschen und tranken in langen durstigen Schlucken - tat das gut! Wir füllten ein letztes Mal unsere Flaschen und schon trieb Abdul uns an, wieder einzusteigen. Zu groß war die Gefahr, dass uns Banditen, auch im Schutz der Dunkelheit, entdecken würden. Während unsere Gruppe trank, hielt Abduls Sohn Mohammed, der den zweiten Pick-up unseres Konvois fuhr, mit seiner Kalaschnikow Wache. So schnell es ging, rannten wir wieder zurück zum Pick-up, so dass nun die Flüchtlinge von Mohammeds Auto trinken konnte. Als auch sie in Windeseile ihre Wasserflaschen gefüllt hatten, ging die wilde Fahrt wieder weiter. Nach etwa einer Stunde wurde mir total schlecht. Ich musste mich pausenlos übergeben, krümmte mich vor Bauchkrämpfen und zitterte am ganzen Körper. Moussa sah mich entsetzt an und fragte:

„Was ist los, Bruder?“

„Ich weiß es nicht“, wimmerte ich. *„Ich hab´so Bauchschmerzen“.*

Moussa hielt mich mühsam mit seiner freien Hand fest, mit der anderen klammerte er sich nach wie vor an den Senegalesen, der ihn gerettet hatte. Ich schwankte immer wieder und drohte von der Ladefläche zu fallen.

Moussa wurde panisch und schrie verzweifelt:

„Mein Bruder ist krank, helft mir!“

Keiner der anderen reagierte, alles waren zu lethargisch und erschöpft. Jeder kämpfte selbst darum, auf dem Pick-up zu bleiben. Immer wieder schrie Moussa:

„Helft mir, ich kann ihn nicht mehr halten, er wird runterfallen!“

Er schrie solange, bis endlich einer der anderen Flüchtlinge müde seinen Kopf hob. Der Mann fragte mich:

„Hast du aus dem Brunnen getrunken wie wir alle – oder vielleicht aus dem Tümpel daneben?“

„Ich hatte so großen Durst, da habe ich aus dem Tümpel getrunken", schluchzte ich.

„Ihr habt Glück", antwortete der Mann. *„Ich bin Arzt. Ich heiße Fada. Du hast wahrscheinlich eine Vergiftung, weil dein Wasser noch schmutziger war als unseres. Ich gebe dir eine Spritze und dann können wir nur hoffen, dass sie wirkt!"*

Er wühlte in seiner kleinen Umhängetasche und zog eine Fertigspritze heraus. Ohne Vorwarnung rammte er sie während der holprigen Fahrt in meinen Oberschenkel, so dass ich erschrocken aufschrie.

„Okay, das ist alles, was wir tun können", sagte er zu Moussa: *„Halte deinen Bruder gut fest und bete für ihn, dass er überlebt."*

Orida (Ibrahima)

Nachdem Dr. Fada – aus Kamerun mir die Spritze in mein Bein rammte, fiel ich vollkommen erschöpft in einen unruhigen Schlaf. Mir ging es so schlecht, dass mir alles egal war. Wäre Moussa nicht gewesen, wäre ich garantiert vom Wagen gefallen. Aber er hielt mich eisern fest und ich überlebte.

Nach einigen Stunden legte sich die Übelkeit etwas. Ich war zwar immer noch sehr schwach und mir drehte sich alles, aber ich konnte immerhin etwas Wasser trinken. Dr. Fada drängte darauf, dass ich immer wieder winzig kleine Schlucke zu mir nahm. Heute bin ich mir sicher, dass ich ohne Moussas und Dr. Fadas Hilfe gestorben wäre. Ich wäre vor lauter Schwäche vom Pick-up gefallen. Fällt man herunter, ist alles vorbei. Entweder ist man durch den Sturz sofort tot, oder man bleibt verletzt liegen, was eigentlich noch schlimmer ist, denn der Pick-up hält nicht an. Niemals! Schon gar nicht für einen Flüchtling. Warum auch? Das Geld war im Voraus bezahlt und ein Menschenleben nichts mehr wert. Die vielen Leichen, die wir während der Fahrt neben der Piste sahen, waren der Beweis…

Ausgelaugt und apathisch verbrachten wir den ganzen nächsten Tag auf der Ladefläche, dicht gefolgt von dem zweiten Pick-up, den Mohammed fuhr. Während der Nacht wurden wir immer wieder aufgeschreckt, die grellen Scheinwerfer von Mohammeds Auto blendeten uns und rissen uns aus dem unruhigen Schlaf. Im Morgengrauen wachten wir steif und benommen auf. Moussa stieß mich plötzlich an und sagte:

"Ibrahima, die Scheinwerfer von Mohammeds Pick-up sind nicht mehr zu sehen. Wo ist er?"

Erschrocken starrten wir in das Dämmerlicht – nichts war zu sehen, nur die endlose leere Piste lag hinter uns. Wir schrien laut:

"Abdul, dein Sohn ist nicht mehr hinter uns, halt an!"

Abdul bremste sofort abrupt, stieg aus und kam zu uns nach hinten. Auch er fixierte angespannt die trostlose Wüste. Nach endlosen Minuten des Schweigens drehte er sich zu uns um und sagte:

„Ich muss nach Mohammed suchen. Vielleicht hatte er heute Nacht eine Panne. Er braucht meine Hilfe. Ich kann euch nicht mitnehmen, ohne euch bin ich schneller. Nicht weit von hier ist eine Wasserstelle namens Orida. In der Nähe des Dorfes Chirfa. Da bringe ich euch jetzt hin. Ihr wartet dort auf mich, bis ich weiß, was mit meinem Sohn ist und zurückkomme, um euch abzuholen."

Alle schwiegen betroffen. Entsetzen stieg in uns auf, das letzte was wir wollten, war von dem Pick-up abzusteigen, den einzig sicheren Ort in dieser verdammten Wüste.

"Nimm mich mit, ich kann dir helfen, ich kenne mich aus mit Motoren", bettelte ich verzweifelt.

Aber Abdul rannte nervös an uns vorbei, stieg ein, drehte den Pick-up und raste die Strecke wieder zurück. Nach vielleicht einer halben Stunde tauchten in der Ferne einige kleine Hütten auf. Abdul bremste scharf ab und befahl uns kurz angebunden:

"Steigt aus, ich komme so schnell wie möglich zurück."

Widerstrebend kletterten wir langsam von der Ladefläche. Ungeduldig drehte Abdul das Auto, preschte los und ließ uns in einer Staubwolke zurück. Moussa und ich schauten geschockt zu, wie der Pick-up wegfuhr.

Kalte Verzweiflung machte sich breit, als wir begriffen, dass Abdul uns wirklich hier zurückließ.

Panisch sahen wir, wie der Pick-up erst immer kleiner wurde und schließlich hinter einem Sandhügel verschwand.

Die einzige Chance für uns, aus dieser verhassten Wüste lebend herauszukommen...

Was, wenn das alles nur ein Trick war, schoss es mir durch den Kopf. Abdul hatte sein Geld bekommen. Warum sollte er das Risiko eingehen, für ein paar Flüchtlinge sein Leben erneut zu riskieren und die gefährliche Fahrt wieder auf sich nehmen? Wahrscheinlich war das seine Möglichkeit, an mehr Geld zu gelangen. Er fuhr nur die Hälfte der Strecke, setzte die Flüchtlinge aus und fuhr nach Agadez zurück. Damit konnte er doppelt so viel Geld verdienen! Niemanden würde es interessieren, wenn wir hier alle sterben würden. Es wusste doch ohnehin kein Mensch, wo wir waren. Und selbst wenn, wen kümmerte es? Dann sind es einfach ein paar Flüchtlinge weniger in der Wüste. Moussa schien die gleichen Gedanken zu haben. Auch er sah sich verzweifelt um.

Um uns herum war nichts.

Die totale Stille.

Nichts bewegte sich. Das machte uns noch mehr Angst.

Wir waren komplett allein im Nirgendwo!

Nur die endlose, öde Stein- und Wüstenlandschaft, die wir nun schon seit Tagen kannten. In der Ferne ein paar Berge, ab und zu ein trockener Dornbusch. Und natürlich die unerbittliche Sonne – unser ärgster Feind.

Quelle: Alamy

Dr. Fada sah die Panik in unseren Augen. Obwohl er selber geschockt aussah, versuchte er uns etwas Halt zu geben, indem er sagte:

„Kommt Jungs, wir sehen uns mal etwas um. Wir brauchen einen Schattenplatz, wo wir bleiben können. Abdul kommt bestimmt gleich zurück."

Wir gingen auf die wenigen kleinen Hütten zu, die zwischen den Dornbüschen und einigen Dattelpalmen lagen. Das Dorf war sehr klein. Es waren nur vier Hütten, die sich um eine Wasserstelle gruppierten. Das Wasser sah sehr trübe aus, aber wenigstens würden wir nicht verdursten!

Ansonsten schien der Ort verlassen. Wahrscheinlich waren die ursprünglichen Bewohner schon lange tot oder weitergezogen. Dr. Fada schlug vor:

„Lasst uns da hinten in die letzte Hütte gehen, die scheint nicht ganz so baufällig zu sein. Da haben wir Schutz vor der Sonne."

Also betrat unsere Gruppe den kleinen dunklen Raum. Als wir noch damit beschäftigt waren, den wenigen Platz zwischen den Männern und Frauen aufzuteilen, wurde langsam die alte Holztür des Hauses geöffnet. Das Quietschen der verrosteten Türangeln schreckte uns auf. Verängstigt drängten wir uns alle zusammen in den hinteren Teil des Raumes. Möglichst weit weg von der Tür. Wer war das? Waren das die Banditen? Wie sollten wir uns gegen sie verteidigen, ohne Waffen?

Die Tür wurde ganz langsam noch weiter geöffnet und plötzlich sahen wir erstaunt eine uralte Frau vor uns stehen. Unter ihrem Kopftuch erkannten wir ein von tiefen Falten zerfurchtes Gesicht. Sie schien genauso verängstigt wie wir. Erst sprach sie in einer fremden Sprache zu uns. Als wir nichts verstanden, versuchte sie es in gebrochenem Arabisch:

„Wer seid ihr? Was wollt ihr in unserem Dorf?“

übersetzte Dr. Fada für uns. Er schien Arabisch recht gut zu verstehen. Vielleicht hätten wir in der Koranschule doch besser aufpassen sollen. Dr. Fada erklärte der Frau, dass wir nur auf der Durchreise wären. Sie nickte und sagte:

„Es ist unsere heilige Pflicht, Reisenden zu helfen. Ihr könnt bleiben und unser Wasser benutzen. Es gibt ein paar Dattelpalmen hinter dem Dorf. Ihr dürft unsere Datteln essen. Das verlangt unsere Pflicht der Gastfreundschaft. Wir sind nur noch wenige alte Menschen hier in Orida, das ist der Name unseres Dorfes. Da hinten bei den Dattelpalmen haben wir unsere kleinen Gärten. Wir haben ein paar Feigenbäume, Gemüsepflanzen und etwas Reis. Das reicht uns zum Leben. Früher, als Orida noch größer war, hatten wir auch noch unsere Viehherden. Aber heute sind die Jungen alle weggegangen und nur noch wir wenigen Alten leben hier. Also esst unsere Datteln – es wird für uns alle reichen“.

Mit diesen Worten verließ sie das Haus.

Quelle: Alamy

Es ermutigte uns etwas, dass es in dieser schrecklichen Landschaft tatsächlich Menschen gab, die hier überleben konnten. Wir standen auf und gingen zu den Dattelpalmen hinter dem Dorf. Wir pflückten die Datteln und sammelten auch noch ein paar kleine Äste, damit wir nachts ein Feuer machen konnten.

Die Nächte in der Wüste sind unglaublich kalt. Nachts sinken die Temperaturen auf bis zu 10 Grad. Das ist nach der schrecklichen Hitze des Tages besonders schlimm. Noch nie in unserem Leben froren wir so wie in der Wüste und konnten nachts nicht schlafen vor Kälte, hatten wir doch nur unsere dünnen T-Shirts. Keiner von uns hatte einen Pullover oder eine Decke. Wir hatten nichts, um uns zu wärmen, deshalb waren wir froh, als Dr. Fada abends ein kleines Feuer machte.

Nach einer unruhigen Nacht erwachten wir am nächsten Morgen, unser erster Gedanke war: Heute kommt Abdul ganz bestimmt zurück! Alles wird gut werden. Erwartungsvoll starrten wir wie gebannt zu dem kleinen Hügel, hinter dem er bestimmt gleich auftauchen würde. Stundenlang saßen wir nur da und fixierten diesen Punkt, als könnten wir damit seine Rückkehr erzwingen. Aus Angst, Abdul zu verpassen, rührten wir uns nicht von der Stelle.

Dr. Fada brachte uns ein paar Datteln und bestärkte uns:

„Esst etwas, Abdul kommt bestimmt gleich zurück, da müsst ihr Kraft haben für die Weiterfahrt."

So verbrachten wir den ganzen ersten Tag, warteten hoffnungsvoll auf Abduls Rückkehr und baten Allah um Hilfe. Wir hofften, warteten, bangten und beteten - aber nichts geschah. Nur der trostlose Wind rollte ein paar abgerissene trockene Dornenbüsche an uns vorbei, sonst war alles still.

Als die Nacht hereinbrach, gingen wir enttäuscht in die Hütte und versuchten zu schlafen. Jedoch schreckten wir nachts immer wieder hoch: war das ein Auto in der Ferne? Kam Abdul zurück? Wir rannten hinaus in die Dunkelheit und hielten verzweifelt nach Scheinwerfen Ausschau – aber in der stockdunklen Nacht war absolut nichts zu sehen, egal wie sehr wir uns auch anstrengten. Verzweifelt lauschten wir nach Motorenlärm, aber da war nichts – rein gar nichts - die permanente Stille der Wüste machte uns langsam wahnsinnig. Unsere angespannten Nerven hatten uns, wie schon so häufig, dazu gebracht, etwas zu hören, was es nichts gab. Warum kam Abdul nicht zurück? Wo war er? Enttäuscht gingen wir wieder zurück in die Hütte.

Der zweite Tag in Orida verging genauso trostlos wie der erste. Mit dem einzigen Unterschied, dass wir abends aufhörten zu beten und nur noch resigniert dasaßen. Hatten wir nicht schon genug gebetet? Stunden über Stunden sämtliche Suren aufgesagt. Aber was hatte das gebracht? Hatte Allah uns geholfen? War Abdul zurückgekehrt? Nein, alle Mühen waren umsonst gewesen. Da konnten wir es auch lassen. Mit steifen Muskeln vom langen Sitzen, gingen wir zurück ins Haus, wo Dr. Fada ein kleines Feuer entfacht hatte, um ein wenig Trost und Wärme zu spenden. Dr. Fada versuchte uns aus unserer Resignation zu holen, indem er sagte:

„Abdul ist ein Imam. Er wird sicher gleich zurückkommen. Sobald er seinen Sohn gefunden hat, kommt er uns holen. Ihr wisst doch, dass ein Imam niemals sein Wort bricht."

Wir blickten ihn nur resigniert an. Irgendwie drangen die Worte nicht richtig zu uns durch. Diese Nacht standen wir auch nicht mehr auf, um nach dem Auto Ausschau zu halten. Wozu auch, es war alles sinnlos, Abdul würde nicht mehr kommen. Er ließ uns hier einfach verrecken. Das wars!

Am dritten morgen standen wir gar nicht mehr auf und blieben einfach auf dem harten Boden liegen. Es war sowieso alles egal, wir würden hier verhungern und langsam sterben. Lethargisch lagen wir einfach da, bis Dr. Fada kam und versuchte uns abzulenken, indem er uns Geschichten von den Berbern und Tuareg erzählte. Das fanden wir spannend, und für eine kurze Zeit vergaßen wir unsere hoffnungslose Situation. Von Dr. Fada erfuhren wir viel über die Tuareg, ein Nomadenvolk, das mit seinen Viehherden seit Jahrtausenden durch die Sahara zog.

Dr. Fada erklärte uns auch, dass die Pick-ups auf dem Weg nach Tripolis nicht mehr die regulären Straßen nahmen. Zu groß war die Gefahr, dort von Polizisten abgefangen und wieder zurückgeschickt zu werden. Deshalb fuhren die Konvois über die abgelegenen Pisten. Sie folgten den alten Karawanenrouten, auf denen schon seit Jahrhunderten Gold und Sklaven transportiert wurden. Mit diesen Geschichten verging der dritte Tag.

Am Abend des vierten Tages drohte die Stimmung in unserer Gruppe zu kippen. Bislang hatten die meisten der Gruppe durch das viele Beten die ausweglose Situation einigermaßen ertragen. An diesem Abend schrie jedoch der junge Mann Togar aus Liberia:

„Jetzt hört doch mit diesem ewigen Beten auf, das nützt sowieso nichts. Dadurch kommt Abdul auch nicht wieder. Er hat uns hier zurückgelassen und ist schon längst wieder in Agadez. Wir sitzen jetzt seit vier Tagen hier rum. Es gibt fast nichts mehr zu essen. Nur noch einige wenige Datteln. Was ist, wenn wir die aufgegessen haben? Selbst wenn wir das bisschen Gemüse und den Reis von den alten Dorf Leuten nehmen, wie lange reicht das für unsere Gruppe? Wir werden hier elendig verhungern!“

Dr. Fada versuchte ihn zu beruhigen, und sagte:

„Togar, denk daran, dass Abdul ein Imam ist. Er wird uns nicht im Stich lassen. Vertraue ihm. Und vertraue auf Gott.“

Aber Togar wollte davon nichts mehr hören. Fieberhaft suchte er nach einem Ausweg. Laut dachte er:

„Es ist mir egal was du machst, aber ich werde hier nicht einfach sitzen bleiben und darauf warten, dass ich verhungere. Lieber nehme ich die letzten Datteln und das Wasser und versuche zu Fuß nach Libyen zu kommen, solange ich noch die Kraft dazu habe. Die Grenze zu Libyen kann nicht mehr weit sein.“

Dr. Fada sah ihn entsetzt an:

„Du bist verrückt, wenn du das machst! Das ist der reinste Selbstmord. Wir wissen nicht, wo wir sind. Um uns herum sind tausende von Kilometern Wüste und Sand. Wie willst du den Weg nach Libyen finden? Du bist kein Tuareg!“

Aufgeregt sprachen nun alle durcheinander, jeder hatte eine andere Meinung: Die Frauen waren auf der Seite von Dr. Fada, einige der jungen Männer überlegten, den gefährlichen Marsch zu Fuß riskieren. Ibrahima und ich blickten uns ratlos an. Wie sollten wir uns entscheiden?

Wie schon so häufig in unserem Leben, mussten wir wieder einmal eine überlebenswichtige Entscheidung treffen. Sollten wir auf Dr. Fada und die Frauen hören und hier warten? Oder sollten wir uns Togar anschließen und die Flucht allein wagen?

Wir hatten entsetzliche Angst davor, auf eigene Faust die Wüste zu durchqueren. Niemand von den jungen Männern kannte sich hier aus. Wie würden wir den Weg finden? Es sah alles gleich aus. Wären wir in der Lage anhand der Sonne, die Himmelsrichtung zu bestimmen?

„Tripolis liegt im Nordwesten“,

sagte Togar und behauptete, uns führen zu können.

Dr. Fada schrie ihn an:

„Wenn überhaupt, müsst ihr wegen der Hitze nachts wandern und tagsüber einen Schattenplatz suchen. Da könnt ihr die Sonne vergessen, um die Himmelsrichtung zu bestimmen. Ihr habt noch nicht einmal eine Taschenlampe, um die Piste wiederzufinden. Es ist stockdunkel da draußen. Und wie wollt ihr Wasser bekommen? Ihr kennt nicht die wenigen Wasserstellen, die auf dem Weg liegen. Die kennt nur Abdul. Nach nur einem Tag in der Hitze da draußen seid ihr tot!“

Betroffenes Schweigen herrschte in der Gruppe. Niemand wusste darauf etwas zu erwidern. Dr. Fada hatte mit allem Recht. Jeder hing seinen eigenen Gedanken nach und suchte verzweifelt nach einem Ausweg.

Erst am nächsten, dem fünften Tag sagte Togar abends leise:

„Du hast Recht, Fada. Es stimmt. Die Chancen, den Marsch durch die Wüste zu schaffen, sind sehr gering. Aber wozu überlebte ich die Gefahren der bisherigen Flucht, wenn ich hier und jetzt aufgebe? Meine ganze Familie ist

von mir abhängig. Alle, aber wirklich alle: Meine Eltern, Großeltern, Tanten und Onkel gaben mir ihr ganzes mühsam erspartes Geld, um meine Flucht zu bezahlen. Sie alle erwarten von mir, dass ich es nach Europa schaffe, um ihnen dann Geld zu schicken. Ich kann hier nicht aufgeben. Ich bin es ihnen schuldig. Morgen nach Sonnenuntergang gehe ich los. Lieber sterbe ich auf der Flucht, als hier zu bleiben.“

Am späten Nachmittag des sechsten Tages in Orida bereiteten Togar und noch fünf weitere Flüchtlinge ihren Marsch vor. Sie pflückten so viele Datteln, wie sie tragen konnten, und füllten ihre Wasserflaschen. Moussa und ich sahen traurig zu Dr. Fada. Wir wussten, dass er unsere Entscheidung nicht akzeptieren würde. Aber was sollten wir tun? Waren nicht auch wir geflüchtet, in der Hoffnung auf ein besseres Leben in Europa? Sollten die tödlichen Gefahren, die wir bislang überlebt hatten, umsonst gewesen sein? Sollten wir alle unsere Träume und Hoffnungen jetzt aufgeben? Sollten wir hier einfach sitzen bleiben und darauf warten, langsam zu verhungern?

Nein – das würden wir nicht tun!

Also sammelten auch wir so viele Datteln wie möglich und stopften sie einfach in unsere Hosentaschen. Die Wasserflasche nahmen wir in die Hand. Mehr hatten wir nicht. Da wir ja unsere Schuhe in Agadez ausziehen mussten, würden wir barfuß über den steinigen Boden laufen müssen. Aber auch das war uns inzwischen egal. Wir verabschiedeten uns von Dr. Fada und den Frauen. Traurig blickten uns alle nach, als wir hinter Togar und seiner Truppe hinterher trotteten.

Togar folgte zunächst der kleinen ausgefahren Piste, die zurück zu der Kamelroute führte, an der Abdul abgebogen war. Wann war das noch einmal gewesen, als Abdul uns hier zurückgelassen hatte? Die eintönigen Tage in Orida und die permanente Angst, die schreckliche Warterei auf Abdul, hatten jegliches Zeitgefühl in uns ausgelöscht. Es hätten Tage oder auch Wochen sein können. Abgestumpft und erschöpft, machten wir einfach weiter. Einen Schritt nach dem anderen. Wir mussten langsam und vorsichtig gehen, die Dämmerung war hereingebrochen, und es wurde mit jedem Schritt immer dunkler. Nach vielleicht einer halben Stunde konnten wir kaum noch den Boden unter unseren Füssen erkennen. Uns wurde schlagartig klar: Dr. Fada hatte Recht gehabt! Das war der totale Wahnsinn. Warum hatten wir nicht auf ihn gehört? Wie sollten wir die ganze Nacht weiter gehen, wenn wir jetzt schon nichts mehr erkennen konnten. Wir würden uns hoffnungslos verlaufen! Der reinste Selbstmord! Verängstigt riefen wir zu Togar:

„Halt an, wir können nichts mehr sehen! Bist du sicher, dass wir noch auf dem richtigen Weg sind?“

Kleinlaut hielt Togar an. Auch ihm standen Zweifel ins Gesicht geschrieben. Unsere Gruppe wartete. Keiner wusste, was wir nun tun sollten. Auf gut Glück einfach in der Dunkelheit weiterlaufen und hoffen, dass wir auf den richtigen Weg waren? Togar dachte laut:

„Vielleicht ist es doch besser, tagsüber zu gehen. Da können wir anhand der Sonne die Himmelsrichtung bestimmen. Oder kennt jemand von euch sich mit den Sternen aus? Ich kann leider nicht anhand der Sterne den Weg nach Nordwesten, nach Libyen finden. Kann es einer von euch?“

Betroffen sahen wir uns an. Das hatte keiner von uns in der Schule gelernt! Also beschlossen wir, die Nacht hier zu verbringen und beim ersten Morgengrauen weiterzuziehen. Wir hockten uns einfach dorthin, wo wir waren und warteten auf den Sonnenaufgang. Und beteten. Selbst Togar war in seiner Verzweiflung damit einverstanden, gemeinsam zu beten. Wir beteten wieder und wieder die Suren, die uns von klein auf in der Koranschule eingebläut worden war. Nur dass sie hier eine vollkommen neue Bedeutung bekamen. Hier in unserer ausweglosen Situation begriffen wir zum ersten Mal in unserem Leben, wie wichtig der Glaube an Gott ist. Und wie tröstlich es sein kann, sich an diesem Glauben zu orientieren - wo es sonst keine Orientierung mehr in unserem Leben gab. Stundenlang wiederholten wir die monotonen Suren, immer und immer wieder...

In unser Unterbewusstsein drang irgendwann in dieser Nacht ein leises Brummen. Wir nahmen es zunächst nicht wahr, waren wir doch zu sehr in unsere Gebete vertieft und schon fast in einen tranceähnlichen Zustand versunken. Benommen hoben wir die Köpfe und öffneten die Augen.

Angestrengt lauschten wir: Da war tatsächlich ein leises Brummen in der ansonsten stillen Wüstennacht zu hören. Wir standen verschlafen auf und schauten in die stockdunkle Nacht. Was war das für ein Geräusch? Das Brummen wurde langsam lauter und klarer. Sehen konnten wir immer noch nichts, egal wie sehr wir auch angsterfüllt in die dunkle Nacht starrten.

„Das ist ein Auto," flüsterte Togar plötzlich panisch. *„Schnell wir müssen uns verstecken. Wer weiß, wer da kommt? Es können Banditen sein."*

So gut wie möglich stolperten wir durch die Dunkelheit und versuchten, hinter einigen Steinen Schutz zu suchen. Wir pressten uns so flach wie möglich auf die Erde. Dann lauschten wir wieder. Das Brummen schien nun sehr nahe zu sein. Plötzlich zuckten in der Ferne zwei kleine Lichter durch die Dunkelheit. Scheinwerfer! Ein Auto! Das Auto kam langsam näher. Dann war es direkt neben uns auf der Piste. Es fuhr an uns vorbei, ohne uns zu bemerken. Es fuhr genau in die Richtung weiter, aus der wir kamen. Merkwürdig, wer würde mitten in der Nacht nach Orida wollen, dachten wir.

Da schrie einer der Männer mit einem Mal auf:

„Das ist doch Abdul! Ich habe sein Nummernschild wiedererkannt! Sein Name steht doch auf dem Nummernschild. Könnt ihr euch nicht erinnern? Habt ihr das nicht gesehen?“

Wir überlegten fieberhaft: Konnte das wirklich Abdul sein?

„Lasst uns hinterherlaufen und sehen, ob er es ist“, schrie Togar.

In wilder Jagd mit ungeahnten Kräften rannten wir hinter dem Auto her. Durch die Rücklichter fiel es uns leichter, den Weg zu finden. Schließlich erreichten wir Orida. Schon aus der Ferne hörten wir lautes Rufen und freudige Schreie.

Es war Abdul! Dr. Fada umarmte ihn gerade, als wir ankamen.

Wir waren gerettet!

Tripolis (Ibrahima)

Die Weiterfahrt nach Libyen verlief ohne Zwischenfälle. Wir waren so dankbar, wieder auf Abduls Pick-up zu sitzen, dass uns die Strapazen und die Hitze jetzt weniger ausmachten. Nach zwei Tagen und Nächten erreichten wir die libysche Hauptstadt: die Hölle von Tripolis.

Quelle: Alamy

Abdul ließ uns an einem halb zerbombten, verlassenen Wohnhaus am Rande der Stadt aussteigen. Er gab uns ein billiges Prepaid-Handy und sagte:

„Der Mann, der die Überfahrt auf dem Schlauchboot übers Mittelmeer organisiert, wird euch anrufen. Wartet hier solange auf ihn."

Er machte noch ein Foto von uns und erklärte:

"Dieses Bild schicke ich nach Italien, damit der Schleuser euch dort findet."

Abdul wünschte uns noch viel Glück, stieg ein und brach zu seiner gefährlichen Heimreise nach Agadez auf.

Foto vom Schleuser, November 2016

Vorsichtig betraten wir das Haus. Es war im Inneren komplett zerstört, nur die Außenwände standen noch und die Fenster waren leere Rahmen. Wir gingen in einen der hinteren Räume und hockten uns dort eng aneinander gedrängt hin. Dankbar nahmen wir ein paar getrocknete Datteln, die Dr. Fada uns gab.

Pausenlos hörten wir in der direkten Nachbarschaft Maschinengewehrsalven knattern. Aus der Ferne erschreckte uns immer wieder der Donner von Explosionen. Geschockt fragten wir uns, in welches Inferno wir hineingeraten waren?

Dr. Fada erklärte uns die Situation:

„In Libyen tobt seit dem Sturz des Machthabers Gaddafis ein Bürgerkrieg. Die verschiedenen Milizen-Verbände, Armeen, bekriegen sich gegenseitig. So kämpfen die Regierungstruppen gegen die Rebellen, die die Regierung stürzen wollen. Das ganze Land versinkt in einem Chaos der Gewalt. Für uns Flüchtlinge ist es hier besonders gefährlich!“, warnte er uns.

"Die Einwohner in Tripolis sind durch den jahrelangen Bürgerkrieg so verarmt und verzweifelt, dass sie auf egal welchem Weg an Geld und Lebensmittel gelangen müssen. Wir unbewaffneten Flüchtlinge sind leichte Beute, deshalb nehmen sie uns als Geisel."

Dr. Fada schärfte uns ein:

"Ihr dürft auf gar keinen Fall unser Versteck verlassen. Draußen lauft ihr Gefahr, von Menschenhändlern gefangen zu werden. Sie werden euch einsperren, foltern und von euren Verwandten Lösegeld erpressen. Kann eure Familie das Geld nicht bezahlen, weil sie schon ihr ganzes Erspartes den Fluchthelfern gegeben hat, werdet ihr entweder zum Arbeiten gezwungen, um das Lösegeld abzuarbeiten oder als Sklaven verkauft. Wir können nur hoffen, dass uns niemand in unserem Versteck findet."

So eingeschüchtert, kauerten wir uns noch tiefer in eine dunkle Ecke des kleinen Raumes und beteten den ganzen Tag, bis wir abends erschöpft einschliefen.

Mitten in der Nacht wurde ich durch einen grellen Lichtschein geweckt. Verschlafen blicke ich mich um und bemerkte erschreckt, dass ich ganz allein war. Alle anderen waren weg. Wo waren sie? Wo war Moussa? Jemand packte mich am Arm und zerrte mich hoch. Eine raue Stimme mit arabischem Akzent befahl mir:

"Come, come with me, you must help me."

Der Araber zerrte mich mit sich nach draußen zu seinem Transporter. Während er mich zu der Ladefläche stieß, sah ich aus dem Augenwinkel eine dunkle Gestalt eng an die dunkle Hauswand gepresst: Moussa.

Er und die anderen Flüchtlinge mussten den Libyer gehört und sich rechtzeitig versteckt haben. Vor lauter Erschöpfung schlief ich wohl so tief, dass ich nichts mitbekam. Der Mann schrie mich auf Englisch an: *„Come, come...“* und bedrohte mich mit seiner Kalaschnikow. Mir blieb nichts anderes übrig, als mitzufahren. Das letzte was ich sah, waren die vor Angst geweiteten Augen von Moussa.

Der Libyer fuhr mit seinem Transporter einige Minuten, bis er vor einem großen Gebäude anhielt und mir befahl, auszusteigen. Als wir durch die kaputte Eingangstür eintraten, erkannte ich, dass es ein stillgelegtes Krankenhaus war. In gebrochenem Englisch forderte der Mann mich auf, ihm zu helfen, die Fenster zu stehlen, die er verkaufen wollte.

Aber wie sehr ich mich auch bemühte, mit dem schweren Hammer die Steine rings um das Fenster herauszuklopfen, ich war zu klein und zu entkräftet. Ich schaffte es einfach nicht und ließ erschöpft und verängstigt den Hammer sinken. Als der Libyer begriff, dass ich wirklich zu schwach für die schwere Arbeit war, drückte er mir seine Kalaschnikow in die Hand und befahl mir:

„Stell Dich draußen vor die Tür und halte Wache. Wenn jemand kommt, schieß sofort los“.

In Tripolis kämpft „jeder gegen jeden” und alle ums Überleben. Auch die Verbrecher untereinander führen ihre Kleinkriege um alles, mit dem sich Geld verdienen lässt. So hatte der Dieb Angst, dass andere Kriminelle ihn umbringen und seine geklauten Fenster stehlen würden. Deshalb stellte er mich draußen vor die Tür und schärfte mir ein, bei dem geringsten Geräusch einfach zu schießen.

Zitternd vor Angst stand ich vor der Tür des Krankenhauses, über mir baumelte eine halb herausgerissene Lampe, die ihr mattes Licht direkt auf mich herab leuchten ließ. Um mich herum war es stockdunkel. Für jeden, der da draußen in der Dunkelheit lauerte, war ich klar und deutlich zu erkennen – die beste Zielscheibe überhaupt. Meine Hände waren so schweißnass, dass ich kaum noch das schwere Sturmgewehr halten konnte. Was sollte ich tun? Wegrennen? Den Mann mit seinem eigenen Gewehr erschießen? Hier einfach stehen zu bleiben, war glatter Selbstmord, das war klar - ich musste hier weg, nur wohin? Ich hatte keine Ahnung, wo ich war und wie ich jemals wieder zu Moussa zurück finden sollte. Ich konnte nicht mehr klar denken, mir drehte sich alles, der Schweiß ran mir den Rücken herunter. Bei jedem noch so kleinen Geräusch zuckte ich zusammen, war aber vor Angst zu gelähmt, um weglaufen zu können. Ich war einfach nicht mehr in der Lage, überhaupt irgendetwas zu tun... So stand ich unter meiner Lampe, waren es Minuten, waren es Stunden? Ich weiß es nicht mehr. Ich erinnere mich nur noch daran, dass ich mich in meiner Verzweiflung auf einmal beten hörte. Alle Suren des Korans rauf und runter:

"Ya Allah, ... Allahu La Ilah Illa Hu Wahdahu", mein Koranlehrer wäre echt begeistert gewesen.

Plötzlich gab es ein gewaltiges Krachen hinter mir, vor lauter Panik taumelte ich zurück in die Eingangshalle des Krankenhauses. Im Dunkeln konnte ich kaum erkennen, wie der Libyer das schwere Fenster hinter sich herzog, er hatte es wohl geschafft, es endlich aus dem Mauerwerk rauszuhauen. Er schrie:

„Help, help me!"

Ich hängte mir die Kalaschnikow über die Schulter und gemeinsam zogen wir das Fenster zu dem Transporter und luden es auf, so schnell es ging. Wir sprangen ins Auto und rasten davon. Wie betäubt saß ich im Auto, bis der Mann tatsächlich an unserem Versteck anhielt. Er drückte mir zwei libysche Dinar, etwa einen Euro, für meine Arbeit in die Hand und hätte beinahe vergessen, mir die Kalaschnikow wieder abzunehmen. Aber die gab ich ihm freiwillig, war ich doch unendlich erleichtert, das Teil endlich loszuwerden.

Als ich zu Moussa zurückkehrte und ihm von meinem Abenteuer erzählte, sagte er:

„Hey, warum passieren dir immer die coolen Sachen? Das Leben ist so ungerecht! Ich hätte selbst gerne einmal eine Kalaschnikow in der Hand gehalten, um Rambo zu spielen.“

Wir waren eben doch noch Kinder.

Mittelmeer (Moussa)

Insgesamt verbrachten wir nur zwei Wochen in Tripolis, was sehr kurz war. Es gibt Flüchtlinge, die sechs Monate oder länger in dieser Hölle bleiben mussten, bis sie das Geld für die Überfahrt auf dem Mittelmeer verdient hatten. Wie sie solange in Tripolis überleben konnten, war uns unbegreiflich.

Eines Abends, als wir wie immer in unserem Versteck in Tripolis saßen und warteten, klingelte unser Handy. Es war der Schleuser, der uns mitteilte:

„Wir haben ein Boot für euch gefunden, noch heute Nacht brechen wir auf. Ich hole euch gleich ab."

Ibrahima und ich blickten uns nervös an: Es war so weit – wir mussten über das Mittelmeer...

Eine Stunde später betrat der Schleuser unser Haus. Merkwürdigerweise brach kein Jubel aus, wie es eigentlich zu erwarten gewesen wäre. Es herrschte betroffenes Schweigen. Natürlich war das die Nachricht, die wir alle die letzten zwei Wochen so unendlich herbeigesehnt hatten. Aber als es nun doch ernst wurde, hatten viele von uns das blanke Entsetzen in den Augen.

Auch Dr. Fada, der bislang immer unsere Stütze war, schien angsterfüllt – konnte doch keiner von uns schwimmen. Wir hatten schon immer große Angst vor dem Wasser und die Aussicht, eine unbestimmte Zeit auf dem Meer zu verbringen, verursachte uns Übelkeit.

Viele Gedanken schossen uns durch den Kopf: Wie lange müssten wir auf dem Meer aushalten? Würde es Tage dauern, oder gar Wochen? Wie hoch würden die Wellen sein? Wie viel Wasser durften wir mitnehmen? Bekamen wir etwas zu essen? Was wäre, wenn uns niemand auf dem Meer rettete?

Keine unserer Fragen wurden beantwortet. Der Fluchthelfer befahl uns nur barsch:

„Packt eure Sachen zusammen und kommt mit raus zum LKW."

Er kontrollierte streng unser Gepäck. Um das Boot nicht unnötig zu belasten, durften wir wirklich nur das Nötigste mitnehmen. Für Ibrahima und mich war das kein Problem, besaßen wir doch nur noch das kostbare Handy, unser Kontakt zu dem Schleuser in Italien. Der Mann kontrollierte jeden einzelnen von uns ganz genau. Denjenigen von uns, die lange Hosen trugen, schnitt er mit einer Schere einfach die Hosenbeine auf Shortlänge ab, um nochmals Gewicht zu reduzieren. Diejenigen, die eine Jeans mit Nieten an den Gesäßtaschen trugen, mussten die Hose komplett ausziehen und in Unterwäsche flüchten. Die Gefahr, dass die Metallnieten die empfindliche Gummihaut des Schlauchbootes beschädigten, war einfach zu groß. Ibrahima und ich hatten Glück, unsere Hosen wurden nur abgeschnitten. Als wir dann alle für die Überfahrt präpariert waren, trieb der Schleuser uns nach draußen.

Entsetzt sahen wir, dass es kein LKW mit einer offenen Ladefläche war, sondern ein kleiner geschlossener Tiefkühlwagen. Dadurch, dass Tripolis in verschiedene militärische Zonen aufgeteilt war, mussten wir innerhalb der Stadt eine Grenze überqueren, um ans Meer zu gelangen. Als Tarnung hatten die Schleuser den Tiefkühlwagen organsiert und neben den Fahrer eine junge Frau gesetzt, die die Grenzsoldaten davon überzeugen sollte, dass es sich um eine ganz normale Lebensmittellieferung handelte. Würden wir entdeckt, kämen wir alle ins Gefängnis.

Wir waren insgesamt vielleicht 50 Menschen, die nun in den engen Laderaum gepfercht wurden. Es war so eng, dass wir dicht gedrängt auf der Erde saßen, und die Luft im Inneren war bereits beim Einsteigen stickig und heiß. Nach nur wenigen Minuten Fahrt war der restliche Sauerstoff verbraucht. Die Hitze wurde unerträglich, wir waren klatschnass geschwitzt. Viele von uns mussten sich übergeben, einige wurden ohnmächtig durch den Sauerstoffmangel. Ibrahima und ich schnappten verzweifelt nach Luft. Wir konnten noch nicht einmal mehr weinen vor Angst, unsere Körper waren wie ausgetrocknet.

Gerade als auch ich drohte, ohnmächtig zu werden, bremste der LKW und hielt an. Eine Minute später wurde die Türe von außen geöffnet. Wir wollten alle nur noch nach draußen stürmen, wurden aber von einer Gewehrmündung zurückgehalten. Quälend langsam durfte nur einer nach dem anderen aussteigen. Ganz leise und vorsichtig sollten wir zu einer Garage gehen, zu groß war die Gefahr, dass wir entdeckt wurden und in die Hand von anderen Menschhändlern fielen.

In der Garage standen Wasserflaschen für uns, wir rissen sie uns gegenseitig aus den Händen und brachen zusammen. Nach vielleicht einer Stunde, die wir halb tot dort lagen, kamen mehrere PKW, in die wir dann einstiegen. Schon nach wenigen Minuten Fahrt hielt der Fahrer an. Er ließ uns raus und drückte jedem von uns einen Liter Milch in die Hand: unser Proviant für die mehrtägige Überfahrt nach Italien.

Der Mann zeigte vage in eine Richtung und sagte: *„Go."* Dann fuhr er weg. Wir waren allein in der Dunkelheit, keiner von uns rührte sich. Wir lauschten angestrengt: Das einzige, was wir leise aus einiger Entfernung hörten, war das rhythmische Rauschen der Brandung. Wir waren am Meer.

Wir warteten weiter, nichts geschah. Hatte der Schleuser uns reingelegt? Hatte er unser ganzes Geld genommen, um uns hier am Strand einfach loszuwerden? Ich starrte in die verängstigten Gesichter von Ibrahima und den anderen. Niemand wusste, was wir tun sollten. So warteten wir einfach ab, hofften und fügten uns wie immer unserem Schicksal… Plötzlich entdeckte Mamadou, ein anderer Junge aus Conakry, im Dunkeln einen Schatten und deutete wortlos darauf. Der Schatten bewegte sich langsam auf uns zu. Wer war das? Einer der Soldaten, die den Strandabschnitt bewachten? War alles

Voller Angst bemerkte ich erst jetzt, dass nur noch zwei Westen übrig waren... Ibrahima hatte immer noch keine. Er schrie immer verzweifelter und ich mit ihm. Wir brüllten solange, bis endlich einer der Helfer zu uns herübersah und Ibrahima die allerletzte Weste zuwarf. Er ergriff sie und weinte vor Erleichterung.

Die Helfer signalisierten, dass wir uns wieder hinsetzen sollten, was wir auch erschöpft taten. Es dauerte vielleicht noch eine weitere Stunde, bis das große Rettungsschiff, die „Sea-Watch 2“ der Hilfsorganisation „Sea-Watch e.V“ kam. Wir wurden einer nach dem anderen an Bord geholt. Die Mütter und Kinder zuerst, danach wir Jungen und zuletzt die Männer. Dieses Mal funktioniert es auch einigermaßen zivilisiert, fühlten wir uns doch mit den Rettungswesten etwas sicherer. Auf dem Rettungsschiff angekommen, brachen wir zusammen. Wir waren dehydriert, weil wir die Milch vor lauter Angst nicht getrunken hatten. Wir waren so krank, verängstigt und geschwächt, dass wir uns einfach auf den Boden legten und nicht mehr bewegten. Nach einiger Zeit kam eine Frau der Hilfsorganisation. Sie versorgte uns mit Wasser und Keksen, die wir erschöpft zu uns nahmen, bevor wir wieder in einen komaähnlichen Schlaf fielen. Diejenigen von uns, denen die Kleidung vor der Überfahrt weggenommen worden war, bekamen Shorts und T-Shirts. An die drei Tage auf dem Schiff haben ich keine Erinnerungen mehr. Wir müssen wohl die meiste Zeit geschlafen haben. Nur zu den Mahlzeiten weckte man uns, ansonsten ließ man uns in Ruhe. Am frühen Morgen des dritten Tages wurden wir von einer Lautsprecherdurchsage des Kapitäns geweckt. Er sagte:

“We are now in Italy!“

Ein lautes Jubeln schallte über das Schiff: Nach unserer langen, gefährlichen Reise waren wir endlich, endlich in Sicherheit!

Oben: Flüchtlinge werden von überfülltem Booten gerettet (Quelle: Seawatch e.V.)

Unten: Ibrahima und Moussa kommen von Bord der Seerettung (Quelle: Moussa)

Quelle: Moussa

Lager in Sizilien (Moussa)

Im Hafen von Palermo, auf der Insel Sizilien, kamen wir zunächst zu einer Kontrollstelle. Die italienischen Beamten nahmen unsere Fingerabdrücke und machten Fotos, wir mussten auch angeben, aus welchem Land wir kamen. Ängstlich sagten wir: „Guinea". Wussten wir doch, dass Guinea ein sicheres Herkunftsland war und daher immer die Gefahr bestand, zurückgeschickt zu werden. Aber lügen wollten wir auch nicht. Danach wurden wir von einem Arzt untersucht. Wahrscheinlich wollte man sehen, ob wir ansteckende Krankheiten, wie z.B. Tuberkulose, hatten. Wegen der Strapazen der Reise sowie des schlechten Gesundheitssystems in unseren Heimatländern gab es immer wieder Fälle von Tuberkulose oder anderen gefährlichen Krankheiten. Um zu vermeiden, dass sich diese hochansteckenden Krankheiten in den überfüllten Flüchtlingslagern weiter ausbreiteten bzw. die Einheimischen angesteckt wurden, wurden Flüchtlinge mit entsprechenden Symptomen direkt in Krankenhäuser gebracht und dort auf Isolierstationen behandelt. Ich möchte mir gar nicht ausmalen, wie schrecklich die Situation jetzt, im August 2020, während der Corona-Pandemie sein muss. Die Lager in Italien waren damals schon in hygienischem Sinne grenzwertig, aber dort auch nur annähernd die Hygieneregelungen mit Mindestabstand sowie häufigem Händewaschen zu realisieren, ist komplett utopisch. Auch das zeigt, dass wir einfach riesiges Glück hatten, zum richtigen Zeitpunkt in Europa angekommen zu sein.

2016, als wir in Italien landeten, war das Jahr mit den meisten Flüchtlingen. Mehr als 5.000[2] Flüchtlinge starben damals alleine bei der gefährlichen Überquerung des Mittelmeeres. Die Anzahl der Toten in der Sahara ist kaum bekannt.

Bereits ein Jahr später, kamen deutlich weniger Flüchtlinge, weil die Situation in Libyen noch brisanter wurde. Im Jahr zuvor sprach die Bundeskanzlerin auch den viel diskutierten Satz aus:

„Wir schaffen das!“

Die ärztliche Untersuchung ergab, dass Ibrahima und ich, abgesehen von unserer Schwäche durch die anstrengende Reise, soweit gesund waren. Das zeigt auch wieder, dass letztendlich überwiegend die jungen und kräftigen Menschen die Flucht überleben. Kommen doch von 100 Flüchtlingen nur etwa 10 in Europa an.

---

2 *Quelle: Hoher Flüchtlingskommissar der Vereinten Nationen*

Natürlich gehört auch eine ganze Menge Glück dazu.

Insbesondere unser Aufenthalt in Libyen hätte ganz anders ausgehen können, sterben doch sehr viele Flüchtlinge inzwischen in den Konzentrationslagern-ähnlichen Gefängnissen in Tripolis.

Nach der ärztlichen Untersuchung wurden wir mit vielen anderen Flüchtlingen in ein Auffanglager gebracht. Anfang November 2016 waren sehr viele Flüchtlinge auf Sizilien. Konnte man doch nur bis maximal November die gefährliche Reise über das Mittelmer wagen. Die gesamten Wintermonate über war die Fahrt aufgrund der raueren See und stärkeren Winden nicht möglich. So riskierten im Herbst immer noch möglichst viele Boote die Überfahrt. Die Alternative, den gesamten Winter bis März in der Hölle von Tripolis zu verbringen, war das Risiko der gefährlichen Überfahrt allemal wert.

Das Auffanglager bestand aus einem riesigen Zeltlager, umgeben von einem Maschendrahtzaun. Man zeigte uns unser Zelt, es waren über 100 Flüchtlinge dort, die in dicht nebeneinander stehenden Feldbetten untergebracht waren. Wir legten uns in unser Bett und verbrachten die nächsten vierundzwanzig Stunden wieder in diesem komaähnlichen Schlaf. Die extreme physische und psychische Erschöpfung trat nicht nur bei uns auf. Die meisten anderen in unserem Zelt lagen auch nur apathisch auf ihren Betten. Wir fühlten uns zum ersten Mal seit sechs Wochen in Sicherheit. Die gesamte Zeit während der Flucht hatten wir keine Nacht durchgeschlafen. Immer wieder schreckten wir auf von unbekannten Geräuschen, den Albträumen anderer Flüchtlinge aus unserer Gruppe – oder die permanente Angst hielt uns einfach wach.

Nur zu den dürftigen Mahlzeiten standen wir auf und reihten uns in die Schlange vor der Essensausgabe ein. Am nächsten Morgen wurden wir minderjährige, unbegleitete Flüchtlinge (das war von nun an unser Status) sowie Familien mit Kindern in ein anderes Lager gebracht. Auch die allein reisenden Erwachsenen, meistens Männer, wurden umverlegt. Das neue „Lager" war ein altes Hochhaus in Palermo.

Hier bezogen wir zusammen mit zwei Jungen aus der Elfenbeinküste gemeinsam ein Zimmer. Mit einem der Jungen, Kyano, freundeten wir uns etwas an. Ich bin auch heute noch mit ihm über Facebook in Kontakt. Wir wissen von ihm, dass er von Italien nach Frankreich kam. In Frankreich ist der Start für Flüchtlinge aus Westafrika aufgrund ihrer Französischkenntnisse zwar einfacher, aber die französische Flüchtlingspolitik ist nicht annähernd so gut wie die von Skandinavien oder Deutschland. Und das nicht nur wegen Frau Merkel. Durch die vielen Hilfsmaßnahmen bestehen in Deutschland die größten Chancen, sich erfolgreich zu integrieren. Deutschland gibt den Flüchtlingen eine echte Chance zu bleiben, eine qualifizierte Arbeit zu erlernen und sich ein neues Leben aufzubauen. In Frankreich hingegen fehlt nicht nur das Ausbildungssystem, sondern auch die Möglichkeit, dort ein ganz normales Leben zu führen. In Frankreich wird man nur geduldet, ohne jede Perspektive. Man bekommt auch keine finanzielle Unterstützung, wie in Deutschland. Als wir 2019 eine Klassenfahrt nach Paris machten, waren wir geschockt, als wir die vielen Flüchtlingsfamilien mit Kleinkindern auf dem Bürgersteig sitzen sahen. Sie mussten betteln, weil sie nichts hatten. Der Tagesablauf in dem neuen Lager war auch nicht viel anders als in dem Auffanglager: schlafen, essen, schlafen, essen. Inzwischen hatten wir uns wieder soweit erholt, dass wir auch schon einmal in den Aufenthaltsraum gingen. Dort gab es einen Tischfußball, den wir eifrig nutzten. Aus Guinea kannten wir das nicht – und Fußball war immer schon unsere große Leidenschaft. Am Nachmittag des 23. November 2016 spielten wir wieder einmal Tischfußball gegen die Jungs aus der Elfenbeinküste, als unser Handy klingelte. Ich ging ran und hörte eine Stimme auf Malinke, unserer Heimatsprache aus Guinea, sprechen. Sofort winkte ich Ibrahima zu mir und flüsterte ihm zu

„Komm mit runter vor die Tür."

Als wir unten ankamen, wartete ein Afrikaner auf uns, der uns ansprach:

„Moussa? Ibrahima?"

Misstrauisch musterten wir den Mann: In seinen abgerissenen Klamotten schien er nicht von irgendeiner Hilfsorganisation zu sein und von der Polizei oder der italienischen Lagerleitung war er definitiv nicht, trug er doch keine Uniform. Wer war das? Er hielt ein Foto in der Hand, dass er aufmerksam betrachtete und mit unseren Gesichtern verglich. Es war das Foto, das unser Schleuser in Tripolis von uns gemacht hatte. Wie kam der Mann an unser Foto?

Er erklärte uns: *„Ich heiße Oke und bin schon vor ein paar Jahren aus Guinea nach Europa gekommen. Abdul hat mir euer Foto zugeschickt. Ich bin hergekommen, um euch abzuholen und aus dem Lager hier in Italien wegzubringen."*

Wir waren sprachlos.

Oke erklärte weiter: *„Ich komme heute Abend um 22 Uhr wieder und hole euch ab. Schleicht euch durch die Küche und nehmt den hinteren Ausgang zum Hof da hinten."*

Er zeigte auf die Holztür.

„Ich warte dort in meinem Auto, es ist ein kleiner blauer alter Fiat. Passt auf, das euch keiner sieht", schärfte er uns noch einmal ein.

„Es ist verboten, das Lager zu verlassen. Erzählt niemandem etwas von der Flucht. Auch nicht den anderen aus eurem Zimmer. Wenn die Lagermitarbeiter von eurer Flucht erfahren, ist alles vorbei, dann kann ich euch auch nicht mehr helfen und ihr müsst für den Rest eures Lebens in Italien bleiben."

Oke sagte dann noch: *„Die Flüchtlingspolitik in Italien ist noch schlechter als in Frankreich. Deshalb werde ich versuchen, euch über die Grenze nach Frankreich zu schmuggeln. Dort ist es auch nicht perfekt, aber auf jeden Fall besser als hier!"*

„Okay", antworteten wir: *„Wir werden da sein!"*

Wie schon so häufig auf der Flucht mussten wir unser Leben wieder einem völlig Fremden anvertrauen. Was blieb uns auch anderes übrig...

Den Jungen aus der Elfenbeinküste, die unser Gespräch neugierig vom Fenster aus beobachtet hatten, erzählten wir, dass der Mann einen Verwandten aus Guinea suche und uns gefragt hatte, ob wir ihm helfen können. Damit war das Thema für die beiden erledigt. Wir versuchten, uns den Rest des Tages so normal wie möglich zu verhalten, obwohl wir innerlich zitterten vor Aufregung. Was würde nun mit uns geschehen? Konnten wir Oke wirklich vertrauen? Wo würde er uns hinbringen? Leise redeten Ibrahima und ich auf Malinke, damit uns die Jungen aus der Elfenbeinküste nicht verstehen konnten. Ich hatte Angst, das sichere Lager zu verlassen und sagte zu Ibrahima:

„Warum bleiben wir nicht einfach hier, so schlecht ist es doch gar nicht. Wir haben ein Dach über den Kopf, genug zu essen und sind in Sicherheit."

„Das stimmt", antwortete Ibrahima. *„Aber was ist, wenn Oke Recht hat, und die Zukunft in Frankreich besser ist als in Italien? Ich weiß auch nicht, was wir machen sollen. Aber warum sollte uns Oke anlügen, das macht doch gar*

keinen Sinn. Er könnte das Geld für unsere Flucht doch einfach behalten und sich die Fahrt nach Frankreich sparen. Oke ist Malinke, so wie wir, deshalb glaube ich, dass es stimmt, was er sagt.“

Am liebsten hätten wir einen Erwachsenen wegen dieser folgenschweren Entscheidung um Rat gefragt.

Aber wen hätten wir fragen können? Dr. Fada, den Einzigen, den wir kannten und dem wir vertrauten, war in einem ganz anderen Lager untergebracht, wie sollten wir ihn in den wenigen Stunden bis zu unserer Abfahrt finden?

Schließlich machten wir das, was wir unser Leben lang getan hatten: Wir fügten uns unserem Schicksal.

„Natawakalu Ala Allah, wir vertrauen auf Gott“, sagten wir uns.

Fahrt nach Bochum (Moussa)

Am Abend des 23. November schlichen wir uns leise nacheinander aus unserem Zimmer, damit die Jungen aus der Elfenbeinküste keinen Verdacht schöpften. Für den Fall, dass uns jemand gefragt hätte, wollten wir vorgeben, dass uns schlecht sei und wir zur Toilette müssten. Aber der Flur war leer. Vorsichtig schlichen wir die Treppe runter in die Küche. War die Tür verschlossen, schoss es uns plötzlich durch den Kopf? Was dann? Wie kämen wir dann hier raus? Unsere Herzen klopften wie verrückt, als Ibrahima die Klinke runter drückte: Mit einem leisen Quietschen, das uns zu Tode erschreckte, ließ sich die Tür langsam öffnen... Schnell schlüpften wir durch den Spalt und verschlossen sie sicherheitshalber von innen. Wir durchquerten den Raum und gelangten zu dem hinteren Ausgang. Dieser war zwar mit einem Querriegel gesichert, aber es war ein Kinderspiel, ihn zu öffnen. Wir huschten hindurch und schlossen sie leise hinter uns. Wir atmeten die kühle Nachtluft ein und sahen uns vorsichtig um: Wo war der alte blaue Fiat, von dem Oke gesprochen hatte? War er doch nicht, wie versprochen, gekommen?

Von der gegenüberliegenden Straßenseite blitzten Schweinwerfer einmal kurz auf und wir rannten erleichtert darauf zu. Oke stieg aus und öffnete für uns den Kofferraum. Wir kletterten hinein und fuhren los, wieder einmal ins Ungewisse...

Oke hatte die Rückbank seines Fiat entriegelt und etwas gelockert, so dass ein Spalt zwischen dem Kofferraum und dem Innenraum des Autos entstand. Durch diesen Spalt bekamen wir genügend Luft und hatten deshalb nicht ganz so große Angst, in dem engen Kofferraum zusammengekauert zu liegen. Während der Fahrt sprach Oke mit uns, um uns zu beruhigen. Er sagte:

„Wir fahren jetzt in den Osten der Insel, zum Hafen Messina. Dort nehmen wir die Fähre zum Festland. Ihr müsst wissen, Sizilien ist eine Insel. Aber habt keine Angst, die Überfahrt auf der Fähre geht ganz schnell, nur 40 Minuten, das werdet ihr kaum merken. Das ist ein Riesenschiff, nichts im Vergleich zu dem, was ihr hinter euch habt!"

So war es auch, wir bemerkten kaum, dass Oke auf die Fähre fuhr, wir wurden zwar etwas durchgeschüttelt, aber das war alles. Gott sei Dank gab es auf der Fähre keine Kontrollen, niemand wäre wohl auf die Idee gekommen, dass in dem alten zerbeulten Fiat zwei Flüchtlinge versteckt waren. Nachdem wir das Festland erreichten, nahm Oke die Autobahn und wir schliefen durch das monotone Brummen und die Erschöpfung der letzten Stunden ein.

Oke weckte uns am nächsten Morgen, verschlafen stiegen wir aus. Wir befanden uns auf einem kleinen versteckten Waldweg, etwas abseits der Autobahn. Oke gab uns Wasser und ein Brötchen. Wir aßen schweigend. Oke sagte:

„Ich muss mich jetzt etwas ausruhen, nach der langen Nachtfahrt. Aber wir sind sehr gut vorangekommen und schon in Norditalien. In der Nähe von Genua, nur noch etwa zwei Stunden von der französischen Grenze entfernt. Passt gut auf, während ich schlafe. Wenn jemand kommt, weckt mich und versteckt euch sofort wieder im Kofferraum."

Oke schlief bis zum Abend, es wurde bereits früh dunkel, was für unsere Weiterfahrt perfekt war. Wir fuhren noch ca. zwei Stunden, bis wir den italienischen Küstenort Ventimiglia erreichten.

„Es sind nur noch wenige Kilometer bis zur französischen Grenze, ihr müsste jetzt ganz ruhig bleiben. Die Franzosen haben durch den immensen Flüchtlingsstrom ihre Grenzkontrollen verstärkt. Sie wollen verhindern, dass zu viele Menschen illegal einreisen...", flüsterte Oke uns zu.

Angsterfüllt hörten wir, wie Oke kurze Zeit später an der Grenzkontrolle anhielt und seinen Pass vorzeigte. Warum dauerte das so lange? Was, wenn die Papiere von Oke nicht in Ordnung waren? Dann würden sie ihn rauswinken und das Auto genauer untersuchen. Wir trauten uns kaum noch zu atmen. Nach schier endlosen Minuten, hörten wir den französischen Grenzbeamten schließlich sagen: *„Tout va bien et bon voyage".* Er winkte Oke durch.

Wir hatten es geschafft - wir waren in Frankreich!

Okes Plan war aufgegangen: Die Grenzbeamten hatten so spät abends wohl keine große Lust mehr, zu arbeiten. Vielleicht konzentrierten sie sich auch mehr auf die LKW, auf denen Flüchtlinge häufiger geschmuggelt wurden. Hätte man uns an der Grenze erwischt, wären wir wieder zurück in das nächste italienische Auffanglager geschickt worden.

Egal, wir waren über die Grenze gekommen und das war alles was zählte!

Bochum (Moussa)

„Was nun?“, fragten wir Oke. *„Wohin bringst du uns nun? Nach Marseille oder Paris?“*

Oke fuhr am nächsten Rastplatz raus und rauchte erst einmal eine. Wir stiegen auch aus und vertraten uns die Beine. Oke kam nach einiger Zeit zu uns und sagte:

“Jungs, mein Auftrag ist eigentlich erledigt, ich wurde dafür bezahlt, euch aus Italien rauszuholen und nach Frankreich zu bringen, was besser ist als Italien. Aber wisst ihr, was noch besser ist?“

Wir sahen uns erstaunt an und hatten keine Idee, war für uns doch in Europa alles gleich fremd.

„DEUTSCHLAND!“, rief Oke ganz begeistert: „Deutschland ist das beste Land überhaupt. Der Sohn meines Nachbarn hat es nach Dortmund geschafft und ich weiß, dass sehr viele Jungen aus Guinea in Dortmund oder Bochum leben. Sie wohnen dort in schönen Wohnungen, bekommen Kleidung und Essen und gehen sogar zur Schule, das alles bezahlt Deutschland für sie. Und da bringe ich euch jetzt hin!“

Ibrahima und ich waren total entsetzt: Hatte nicht unser Lehrer in Mamou uns erzählt, Deutschland sei nach dem 2. Weltkrieg total zerstört worden? Dem Erdboden gleich gemacht? Dort stünde kein Haus mehr. Es sei dort wie in der Wüste.

Dort sei GAR NICHTS!

Und darum hatten wir die ganze Flucht auf uns genommen? Um jetzt in diese Einöde zu ziehen? – Da hätten wir ja gleich in Guinea bleiben können…

Ehe wir uns noch gegen die Fahrt in dieses schreckliche Deutschland wehren konnten, drängte Oke uns zum Aufbruch. Wir stiegen wieder ein und Oke fuhr in einer Nacht die 1.000 km lange Strecke durch. Ibrahima und ich schliefen erschöpft. Oke weckte uns am Morgen des 25. Novembers 2016. Er sagte nur zu uns: *„Steigt aus“* und fuhr einfach weg.

Wir dachten, er suche einen Parkplatz und käme zu uns zurück. Deshalb setzten wir uns auf den Bürgersteig, wo er uns aus dem Auto gelassen hatte. Verschlafen schauten wir uns um. Das erste, was wir von Deutschland sahen, war eine riesengroße Figur mit einer roten Mütze, einem langen weißen Bart und einem Sack voller Geschenke:

der Weihnachtsmann!

3. Teil

Deutschland

Ankunft (Ibrahima)

Wir saßen ein paar Stunden dort auf dem Bürgersteig und warteten auf die Rückkehr von Oke. Wir hatten Angst uns einzugestehen, dass er einfach so weggefahren war, ohne sich von uns zu verabschieden. Hätte er uns nicht wenigstens sagen können, wo wir waren, oder wohin wir gehen sollten? Die Schilder, die wir aus der Entfernung erkennen konnten, konnten wir nicht lesen – also waren wir definitiv nicht mehr in Frankreich! Hatten wir es doch nach Deutschland geschafft? Dadurch, dass wir während der Fahrt so tief und fest geschlafen hatten, konnten wir uns nicht erinnern, ob wir die Landesgrenze überquert hatten....

Wir warteten einfach ab, unschlüssig darüber, was wir tun sollten. Die Passanten, die an uns vorbei gingen, ignorierten uns einfach. Unsere einzige Gesellschaft war die merkwürdige große Figur. Im Nachhinein haben wir erfahren, dass Oke uns einfach vor dem Bochumer Hauptbahnhof rausgelassen hatte. Direkt vor dem Haupteingang war ein großer Weihnachtsmann aufgestellt, um den Leuten den Weg zum Weihnachtsmarkt zu zeigen.

Was wussten wir damals über Weihnachten? Nichts. Das Einzige, was uns interessierte, waren unsere knurrenden Mägen. So beschlossen wir, nach etwas Essbarem Ausschau zu halten. Wir standen auf und gingen zögerlich in die Eingangshalle des Bahnhofes. Dort zog uns magisch der Geruch von frisch gebackenem Brot an. Wir bewegten uns in Richtung der Bäckerei und blieben davorstehen. Natürlich hatten wir wie immer kein Geld, um uns wenigstens ein Brötchen zu kaufen. Plötzlich sprach uns eine tiefe Stimme auf Französisch an:

„Vous-avez faim? Habt ihr Hunger?“

Erschrocken drehten wir uns um - waren wir doch immer noch in Frankreich? Ein afrikanischer Mann musterte uns neugierig und fragte auf Französisch, woher wir kämen und was wir hier machen würden. Da sprudelte es nur so aus uns heraus, erleichtert erzählten wir ihm von der langen Flucht von Guinea hierher. Der Mann sagte:

„Ne vous inquietez pas - macht euch keine Sorgen, alles wird gut, ihr seid nun in Sicherheit. Ich komme aus dem Niger und lebe schon seit drei Jahren in Deutschland, es ist ein gutes Leben."

Als erstes kaufte er uns Croissants. Noch nie in unserem ganzen Leben hatten wir so etwas Köstliches gegessen. Das duftende Gebäck, das im Munde zerfiel. Wir waren selig!

Anschließend erklärte uns Kelechi, wie er sich uns vorstellte, was wir nun tun müssten. Es ist ganz einfach:

„Geht einfach zum Rathaus, dort werden alle Flüchtlinge registriert und man wird sich um euch kümmern. Macht euch keine Sorgen, die Deutschen sind bekannt für ihr Organisationsgeschick."

Er zeigte uns den Weg zur U-Bahn, kaufte uns ein Ticket und verabschiedete sich mit den Worten:

„Bleibt in dieser U-Bahn Nr. 305. Nach zwei Haltestellen steigt ihr aus. Dann sucht ihr das Schild RATHAUS,"

er schrieb es zur Sicherheit auf einen Zettel.

„Ihr braucht dann nur noch den Schildern zu folgen. Wenn ihr es doch nicht findet, zeigt einfach diesen Zettel jemandem, damit er euch den Weg zeigen kann. Wenn ihr im Rathaus seid, geht einfach hinein und sagt auf Deutsch das Wort „Flüchtling", dann wird man euch weiterhelfen."

So lernten wir unsere ersten deutschen Wörter: Rathaus und Flüchtling. Wir machten alles genauso, wie Kelechi es uns erklärte, und es funktionierte reibungslos. Im Rathaus sagten wir zu der Frau am Empfang:

„Flüchtling" – und sie verstand uns. Krass, wir sprachen Deutsch! Sie deutete mit einem Nicken, dass wir warten sollten, und rief jemanden an. Kurze Zeit später kam eine freundliche junge Frau mit den hellsten Haaren, die wir jemals gesehen hatten, zu uns. Sie sprach sogar Französisch mit uns und erklärte, dass sie bei dem Verein: *„Medizinische Flüchtlingshilfe Bochum e.V."* arbeiten würde. Sie sagte zu uns:

„Kommt mit, ihr werdet jetzt registriert und dann in eure Unterkunft gebracht."

Wir hatten wie immer keine Ahnung, was uns erwartete, aber nachdem bislang alle Menschen so freundlich zu uns gewesen waren, machten wir uns darüber keine großen Gedanken. Die junge Frau nahm uns dann wie versprochen mit zu ihrem Auto, das in der Tiefgarage geparkt war. Zum ersten Mal in unserem Leben fuhren wir mit einem Aufzug. Wir erschraken uns total, als sich die Aufzugtüren automatisch schlossen und wir in diesem kleinen Raum eingesperrt waren und ruckelnd nach unten fuhren. Aber da die Frau so gelassen blieb, versuchten auch wir, ruhig zu bleiben.

Mit dem Auto fuhren wir vielleicht zehn Minuten durch die Bochumer Innenstadt, bis wir zum Bodelschwinghplatz in Bochum-Hamme kamen. Dort fuhren wir auf den Hof eines dreistöckigen, langgestreckten Gebäudes, das ehemalige Bochumer Kinderheim. Das war NOAH, die Notaufnahmestelle für Jugendliche der Stadt Bochum.

Die ersten Tage (Moussa)

NOAH dient allen Jugendlichen, sowohl Deutschen als auch Ausländern, als Anlaufstelle. Jeder Jugendliche kann in einer Notsituation hierherkommen und findet immer einen Notschlafplatz. Es wird dann geklärt, in welcher Situation sich der Jugendliche befindet, und darüber entschieden, ob er zu seiner Familie zurückkehren kann oder ob er *„In Obhut genommen wird"* (d.h. in einer städtischen Einrichtung weiter betreut wird). Ebenfalls wird in NOAH festgestellt, welche der verschiedenen Einrichtungen für den Jugendlichen am besten geeignet ist. Zu dieser Klärung, *Clearing* genannt, gehören die Überprüfung der Familiensituation sowie eine medizinische Untersuchung.

Bei NOAH zeigte man uns unser Zimmer und wir ruhten uns erst einmal aus. Am nächsten Tag kam eine Mitarbeiterin des Jugendamtes zu uns, die während der nächsten vier Jahre unsere zuständige Betreuerin sein sollte. Sie führte mit uns das Clearing-Gespräch.

Sehr einfühlsam und freundlich befrage sie uns nach unserer Familiensituation und warum wir nach Deutschland gekommen waren.

Als wir nach unserem Alter gefragt wurden, stellten wir erstaunt fest, dass wir schon fünfzehn Jahre alt waren. Unser 15. Geburtstag musste irgendwann in Libyen stattgefunden haben, aber aufgrund der schrecklichen Situation in Tripolis hatten wir das komplett vergessen.

Bei uns war der Fall klar: Wir waren Vollwaisen und das deutsche Gesetz behandelte deutsche genauso wie ausländische Waisenkinder. Da wir für ein Kinderheim schon zu alt waren, sollten wir in einer Jugend-Wohngruppe untergebracht werden.

So kam es, dass wir nach nur wenigen Tagen in der NOAH von der freundlichen jungen Frau Weber, wir durften sie Sofie nennen, abgeholt wurden und in die Jugend Wohngruppe *„Krockhaus"*, benannt nach der Straße, in der sie lag, gebracht wurden.

Unser neues Leben in Deutschland begann!

Schon während der Fahrt nach Bochum-Stiepel wurden wir von der unbeschwerten Art von Sofie angesteckt. Sie sprach mit uns auf Englisch oder auch mit Händen und Füßen und erklärte uns, dass die Wohngruppe in einem sehr schönen Stadtteil von Bochum läge. In der Nähe seien ein Wald, das *„Weitmarer Holz"*, sowie ein großer See: der *„Kemnader Stausee"*. Beides seien schöne Orte für Wanderungen oder Fahrradtouren.

Ibrahima und ich blickten sie erstaunt an, hatten wir das richtig verstanden? Gingen die Deutschen nur zum Spaß spazieren? In Guinea war man zwar auch den ganzen Tag auf den Beinen, aber ganz bestimmt nicht zum Vergnügen! Reichte es nicht, wenn man gezwungen war, dreimal am Tag zum Brunnen zu laufen? Oder durch die Straßen zu ziehen, um Kuchen zu verkaufen? Den Deutschen musste es wirklich sehr gut gehen, wenn sie so etwas in ihrer „Freizeit", alleine dieses Wort war uns unbegreiflich, tun konnten. Als wir das Haus, in dem die Wohngruppe untergebracht war, erreichten, verstummten wir vor Erstaunen. Sofie hatte Recht gehabt, die Wohngruppe war in einer sehr gepflegten Straße untergebracht: schöne, moderne Häuser mit teuer angelegten Gärten. Das genaue Gegenteil von unserer lehmigen Straße in Mamou. Auch sahen wir viele Menschen mit gepflegten, teilweise sogar übergewichtigen Hunden an der Leine „spazieren" gehen. Auch das versetzte uns in Erstaunen, gab es doch in Guinea nur Straßenhunde, die mit Stöcken vertrieben wurden. Wer war so verrückt, sich einen zusätzlichen Fresser ins Haus zu holen, und dass nur, um mit ihm SPAZIEREN zu gehen – irgendwie erschienen uns die Deutschen immer merkwürdiger.

Sofie parkte das Auto vor der Tür des weißen Einfamilienhauses und öffnete die Tür. Sie ging mit uns eine Treppe nach unten und zeigte uns die

Zimmer: Jeder von uns bekam sein eigenes Zimmer. Wir waren begeistert, hatten wir doch in Guinea noch nicht einmal ein eigenes Bett! Geschweige denn einen Kleiderschrank, wozu auch, besaßen wir doch damals immer nur ein T-Shirt und eine Shorts. Dann gingen wir in die obere Etage, hier gab es ein schönes Wohnzimmer mit einem riesigen Bildschirm und das beste überhaupt: eine Playstation – Wahnsinn. Zum Schluss zeigte Sofie uns noch das geräumige Esszimmer, den Garten und die moderne Küche. Ganz oben gab es noch vier weitere Zimmer für die anderen Mitbewohner, die demnächst einziehen sollten. Das ganze Haus war frisch renoviert und modern eingerichtet. Am Ende der Besichtigung sagte Sofie zu uns:

„Ihr habt drei Tage Zeit zu überlegen, ob ihr hier wohnen wollt oder lieber noch eine andere Wohngruppe besichtigen möchtet."

Ibrahima und ich benötigten keine drei Tage, wir brauchten genau eine Sekunde, um zu sagen: Eigenes Zimmer, Riesenfernseher, Playstation, wir ziehen hier morgen ein – und so geschah es auch.

Behörden-Dschungel (Moussa)

Die erste Zeit im Krockhaus verbrachten wir damit, uns einzugewöhnen, wichtige Behördengänge zu erledigen und natürlich Deutsch zu lernen. Dadurch, dass keiner unserer Betreuer Französisch sprach und wir kaum Englisch, waren wir gezwungen, möglichst viele deutsche Wörter zu lernen. Am Anfang verständigten wir uns nur mit Händen und Füßen. Wenn es komplizierte Dinge zu klären galt, z. B. unsere Anmeldung bei der Polizei, die wichtigen Termine bei der Ausländerbehörde oder ärztliche Untersuchungen, wurde ein Dolmetscher hinzugeholt. Dieser konnte vom Deutschen in unsere Muttersprache Malinke übersetzen. Direkt am zweiten Tag unseres Einzuges kam ein Polizist zu uns ins Krockhaus, um uns bei der polizeilichen Anmeldung behilflich zu sein. Er kam mit einem Polizeiwagen und brachte uns persönlich zur nahegelegenen Dienststelle.

Das war für uns natürlich der Wahnsinn, im Polizeiauto zu fahren, träumte nicht jedes Kind davon? Im Nachhinein ist es wirklich erstaunlich, wie herzlich und freundlich wir von so vielen Menschen in Bochum empfangen wurden. Wahrscheinlich schwammen wir damals einfach auf der „Willkommens-Welle“ mit. Alle Leute, die wir trafen, schienen sich aufrichtig zu freuen, dass wir lebend in Deutschland angekommen waren. Wie schon so häufig in unserem Leben hatten wir einfach extremes Glück mit dem Timing. Denn die Flüchtlinge, die später kamen, wurden dann nicht mehr ganz so überschwänglich begrüßt.

Wir jedoch wurden noch persönlich im Polizeiauto zur Dienststelle chauffiert. Dort wurden wieder Fingerabdrücke und Fotos von uns gemacht. Langsam kannten wir dieses Vorgehen und erneut mussten wir angeben, aus welchem Land wir kamen. Als diese Formalitäten alle erledigt waren, bekamen wir unsere Meldebestätigung - ein wichtiges Dokument. Mit dieser

Meldebescheinigung fuhren wir am nächsten Tag mit Sofie zusammen ins Rathaus: zur Ausländerbehörde.

Vor dieser Behörde haben alle Ausländer am meisten Angst und uns, ohne gültige Papiere, ging es nicht anders. Wobei es in Guinea nur wenige Menschen gab, die eine Geburtsurkunde besaßen, geschweige denn einen Personalausweis oder Reisepass. Wozu auch? Wozu sollte man sich in Guinea die Mühe machen, diese Dokumente ausstellen zu lassen? Kinder wurden so viele geboren (es gab genug Männer in Guinea, die zwei oder drei Ehefrauen hatten und von jeder dieser Frauen wieder diverse Kinder). Die Kindersterblichkeit war hoch, warum also den ganzen Aufwand betreiben, zur Präfektur zu fahren, um eine Geburtsurkunde zu bekommen? Für so einen bürokratischen Quatsch war in Guinea weder Zeit noch Geld vorhanden. Da es in Guinea auch keine Kranken-, geschweige denn Rentenversicherung gab und natürlich auch niemand so etwas wie Steuern zahlte, waren diese Dokumente für uns damals absolut überflüssig. Hatten unsere Straßen in Mamou doch noch nicht einmal Namen und die Häuser keine Hausnummer. Niemand hätte sich polizeilich anmelden können, selbst, wenn er gewollt hätte.

Das Wort „Finanzamt" lernten wir überhaupt erst in Deutschland kennen. Zwar waren wir es aus unserer Heimat gewohnt, dass sich die korrupten Machthaber an den Bodenschätzen unseres Landes bereicherten, während die Einwohner in Armut lebten. Aber dass es in Deutschland eine eigene Behörde gab, die mit unzähligen Formularen sehr effizient das Geld der Bürger eintrieb, fanden wir doch sehr modern.

Mit einem mulmigen Gefühl fuhren wir zur Ausländerbehörde, hatte diese doch die Macht, über unser Schicksal zu entscheiden. Sie konnte bestimmen, ob wir in unserem Paradies im Krockhaus bleiben durften oder ob wir wieder nach Guinea zurückgeschickt wurden. Bei diesem ersten Termin am 5. Dezember 2016 ging es darum, unsere Duldung zu beantragen.

Sofie hatte uns vorab erklärt, was eine Duldung war:

„Es gibt für Flüchtlinge in Deutschland verschiedene Möglichkeiten, bleiben zu dürfen. Kommt man aus einem Land, in dem man verfolgt wird, besteht die Möglichkeit, einen Asylantrag zu stellen. Da Guinea aber als sicheres Herkunftsland eingestuft ist, gilt das für euch nicht. Ihr seid „Wirtschaftsflüchtlinge", d.h. ihr seid nicht geflohen, weil ihr z. B. politisch verfolgt wurdet und euer Leben in Gefahr war, sondern einfach nur, weil ihr in Guinea keine Zukunft hattet. Ein Asylantrag scheidet also schon einmal aus. Da ihr aber erst fünfzehn Jahre alt und Vollwaisen seid, fallt ihr in die Rubrik: „Unbegleitete minderjährige Flüchtlinge" (UMF genannt). Das heißt: Bis zu eurem 18. Geburtstag bekommt ihr eine 'Duldung' und dürft bis dahin sicher in Deutschland bleiben."

Das alles erklärte Sofie dem Dolmetscher und er wiederum uns. Ganz schön kompliziert, das Ganze. Aber unser Bruder Pepe hatte Recht gehabt. Das war auch der Grund, weshalb er uns geschickt hatte. Er war damals schon über 18 Jahre alt und wusste, dass seine Chancen auf Duldung viel schlechter waren.

Dadurch, dass wir so gut vorbereitet waren, lief bei unserem ersten Termin aber alles ohne Probleme. Der Sachbearbeiter prüfte unsere Meldebescheinigung und stellte dann unseren Duldungsausweis aus: gültig für drei Monate – bis zum März 2017. Diesen Ausweis mussten wir nun immer bei uns tragen, er war für uns das Ticket in eine sichere Zukunft. Überglücklich und stolz verließen wir mit diesem ersten Ausweis in unserem Leben die Behörde – geschafft!

Unser neues Zuhause (Ibrahima)

Nach den stressigen Terminen bei den Behörden folgte nun eine schöne Zeit im Krockhaus. Die nächsten Wochen verbrachten wir damit, eifrig Deutsch zu lernen. Jeden Morgen übte unser Nachhilfelehrer Moritz drei Stunden mit uns. Auch Mathematik lernten wir, um uns für den Schulstart am 6. Januar 2017 fit zu machen. Diese Zeit haben wir als sehr angenehm in Erinnerung. Wir hatten einen geregelten Tagesablauf, der uns half, nach der belastenden Zeit der Flucht wieder etwas zur Ruhe zu kommen.

Sehr beindruckt waren wir auch von den vielen Haushaltsgeräten, die es in Deutschland gab. Besonders die Waschmaschine hatte es uns angetan. Jeden Tag wuschen wir aufs Neue und verbrachten ganze Nachmittage bewundernd vor dem Bullauge. Wir konnten es einfach nicht fassen, dass die stundenlange mühselige Arbeit des Wäschewaschens mit der Hand von dieser Maschine übernommen wurde. Auch die 10-kg-Packung Waschpulver war für uns ein unglaubliches Vermögen. In Guinea war Waschpulver so teuer, das es in winzig kleinen Tüten, so groß wie Brausetüten, verkauft wurde.

Verglichen mit den harten Arbeitstagen in Guinea waren diese sechs Wochen für uns wie Ferien. Blieb neben dem Deutschunterricht doch immer noch genug Zeit für kleinere Erkundungen in Bochum. Der Bochumer Tierpark stand auf unserem Programm, das Planetarium und natürlich das Bergbaumuseum, woran ja kein Bochumer vorbeikommt...

Das Jugendamt stellte jedem von uns einen Geldbetrag zur Verfügung, damit wir Schuhe und Winterkleidung kaufen konnten. Schließlich war es für uns sehr kalt in Deutschland und wir konnten nicht den Rest unseres Lebens in den alten T-Shirts und den wenigen Kleiderspenden herumlaufen. Mit Moritz fuhren wir zusammen mit dem Bus 353 zum Bochumer Hbf und gingen dann zu C&A an der Kortumstraße. Wir machten grundsätzlich alle Fahrten mit öffentlichen Verkehrsmitteln oder zu Fuß, damit wir so unsere neue Heimat besser kennen und uns selbstständig bewegen lernten.

Moritz ermutigte uns auch immer, unsere wenigen deutschen Sätze anzuwenden, was wir auch brav taten. Die Leute waren immer sehr freundlich zu uns und fanden es toll, dass wir uns so eifrig bemühten. Verstanden haben wir allerdings eher weniger, was vielleicht auch mit dem Ruhrpott-Slang zu tun hatte... Egal, zum ersten Mal in unserem Leben durften wir mit unserem eigenen Geld einkaufen. Was für deutsche Kinder normal ist, war für uns ein Traum.

Dadurch, dass wir die letzten 15 Jahre immer in billigen oder abgelegten Klamotten rumlaufen mussten, waren neue Kleider für uns das Wichtigste überhaupt. Gerade Moussa liebte schon immer Kleidung und ist darüber hinaus der totale Schuhfreak. Später hat er sein erstes Gehalt in unzählige Paar Schuhe gesteckt. Sein Zimmer besteht auch heute nur aus Schuhen, weshalb wir ihn häufig damit aufzogen und fragten: Warum lebst du eigentlich in einem Schuhschrank?

Moussa war also definitiv in seinem Element. Für ihn musste das der schönste Tag in seinem bisherigen Leben gewesen sein. Ich fand das zwar auch cool, aber ich glaube, Moussa hätte sich am liebsten die ganze Nacht bei C & A einschließen lassen, um ungestört alles anprobieren zu können...

Schöne Rituale (Ibrahima)

Weihnachten war für uns auch sehr interessant. Zwar verstanden wir nicht wirklich, was es mit diesen ganzen Leuten: Nikolaus, Weihnachtsmann, Jesus, Maria, Joseph und den drei Königen auf sich hatte... aber egal, es machte uns großen Spaß, den Tannenbaum mit aussuchen zu gehen und ihn aufzubauen. Wobei wir es schon ein bisschen nervig fanden, dass dieses nadelnde Ungetüm uns im Wohnzimmer die Sicht auf den Flachbildschirm versperrte...

Aber dann kam Heiligabend.

Sofie und Anika, unsere beiden Betreuerinnen, hatten uns schon die letzten Tage vor Heiligabend immer wieder ganz aufgeregt davon erzählt. Sie steckten uns mit ihrer Vorfreude an. Nachmittags machten wir noch einen schönen Spaziergang im nahegelegenen *„Weitmarer Holz“*, um die Wartezeit bis zur Bescherung zu verkürzen.

Als wir danach nach Hause kamen, war es schon dunkel. Annika sagte zu uns:

„Wartet hier im Flur. Wenn ihr Musik hört, dürft ihr ins Wohnzimmer kommen.“

Ungeduldig machten wir, was sie sagte. Als wir nach einigen Minuten die versprochene Musik hörten, rannten wir zusammen mit den anderen Jungen aus der Wohngruppe zum Wohnzimmer und blieben an der Tür wie gebannt stehen. So etwas Schönes hatten wir noch nie in unserem Leben gesehen:

Die vielen Kerzen am Weihnachtsbaum erleuchteten den dunklen Raum und der Gesang von den Betreuern *“Oh Du Fröhliche“* machte uns ganz feierlich. Als das Lied zu Ende war, sagte Annika:

„Ihr dürft nun eure Geschenke auspacken. Euer Name steht darauf.“

Zum ersten Mal in unserem Leben erhielten wir ein Geschenk.

Ich öffnete mein Geschenk zuerst, es war ein Fußball. Ungläubig schrie ich ganz laut:

„Für mich? Für mich ganz alleine? Wirklich für mich?"

Dann küsste ich den Ball und sagte:

„Ich liebe dich!"

Ich bestand darauf, dass alle auf dem Ball unterschreiben. Als Erinnerung an diesen wunderschönen Tag und das allererste Geschenk in meinen 15 Lebensjahren.

Auch Moussa freute sich über seinen Basketball. Aber er machte das im *„Moussa-Style"*, leise und mehr innerlich. Von seinem 20-Euro-Gutschein kaufte er sich direkt am 27.12. natürlich wieder was wohl? Kleiner Tipp: fängt mit „S..." an und passt gut in seine Sammlung.

Auch Silvester war wunderschön. Wir aßen gemeinsam, schauten *„Dinner for one"* und spielten Karten. Die Betreuer zeigten uns *„Mau-Mau"*, was wir nicht kannten, uns aber großen Spaß machte. Wir hörten Musik und kickerten bis kurz vor Mitternacht. Dann gingen wir alle auf die Straße. Hier ließen wir zum ersten Mal in unserem Leben eine Rakete steigen. Ehrlich gesagt, fanden wir das etwas unheimlich.

Die jugendlichen Nachbarn von nebenan kamen zu uns in die Einfahrt und haben extra für uns französischsprachige Musik gespielt. Es war einfach ein unglaublich schönes Fest. Das Schönste, was wir bislang erlebt hatten!

Eines Morgens, kurz nach Silvester, wachten wir auf und zogen die Jalousien hoch. Wir staunten nicht schlecht: Alles war weiß!

Kleine weiße Flocken segelten an unserem Fenster vorbei. Was war das denn? Wir rannten nach oben und öffneten die Terrassentür zum Garten, in unseren Schlafanzügen gingen wir in den Schnee hinaus. Er war ganz weich und wir sanken tief ein - das war der Hammer... Annika hatte gerade Dienst und kam aus dem Büro, sie nahm eine Handvoll Schnee und warf uns damit ab. Das ließen wir uns natürlich nicht gefallen! Schnell hatten wir raus, wie man Schneebälle macht und bombardierten Annika solange, bis sie aufgab, was sie natürlich nicht zugeben wollte. Aber auf einmal musste sie ganz dringend ins Büro zurück und arbeiten... Ha, Ha!

Glücklicherweise waren durch unser Geschrei die anderen Jungen geweckt worden, die inzwischen auch ins Krockhaus eingezogen waren. Es waren die drei Jungen aus Syrien: Younes, Bassel und sein Bruder Ali. Jetzt war klar, dass die Schneeballschlacht Guinea gegen Syrien tobte - und alles im Schlafanzug! Völlig durchnässt und verfroren kamen wir alle eine Stunde später rein. Das war das erste Mal seit Monaten, wenn nicht Jahren, dass wir einfach nur Spaß hatten und herumalberten wie normale 15jährige... Insbesondere für die syrischen Jungen war das eine richtige Befreiung, einmal so fröhlich zu sein, hatten sie doch jahrelang nur den Kriegsterror erlebt.

Wir duschten warm und zogen uns trockene Sachen an. Nach dem Frühstück zeigte Annika uns, wie man richtige Schneemänner baut - wieder hatten wir etwas typisch Deutsches gelernt.

Unternehmungen (Moussa)

Als wir im Januar 2017 unser *„Schokoticket"* bekamen, was uns die Benutzung von allen Bussen und Bahnen im Ruhrgebiet erlaubte, waren wir viel unterwegs. So fuhren wir z. B. nach Wuppertal, um „diese Hängebahn" auszuprobieren, von der unsere Betreuer uns erzählten. Die Schwebebahn fanden wir cool und fuhren den ganzen Tag damit hin und her. Das war in etwa so wie ein Kirmesbesuch für deutsche Kinder. Wir reisten auch nach Köln, um die „große Kirche" zu besichtigten. In Dortmund und Düsseldorf waren wir auch viel, um die vielen teuren Geschäfte zu bewundern. Alles war neu und aufregend für uns, und wir genossen unser neues unbeschwertes Leben in vollen Zügen. Keiner der anderen Flüchtlinge aus unserer Gruppe unternahm auch nur annähernd so viel wie wir.

Als Ibrahima mitbekam, dass es in Deutschland Schwimmbäder gab, wollte er auf einmal unbedingt schwimmen lernen. Das Thema „Schwimmen" ist nach der traumatischen Mittelmeerüberquerung für uns Flüchtlinge eigentlich der totale Horror. Aber mein Bruder verschwand auf einmal jeden Nachmittag, ohne mir zu sagen, wo er hinging. Nach einer Woche kam er ganz aufgeregt zurück. Er rannte ins Büro und rief den Betreuern schon von weitem zu:

„Ich kann jetzt schwimmen!"

Alle waren total erstaunt. Als wir ihn fragten, woher er denn auf einmal schwimmen konnte, erzählte uns Ibrahima ganz stolz:

„Ich war jeden Nachmittag im `Südbad´ in Bochum-Linden und habe mir das Schwimmen ganz allein beigebracht."

„Wie denn? Woher wusstest du denn, wie das geht?" fragten wir.

Von diesem ersten Schultag an waren wir die Lieblingsschüler von Frau Kohlmann.

Schulprojekte (Moussa)

Schon wenige Wochen später kam Frau Kohlmann eines Montags mit einem großen Karton in die Klasse. Sie packte merkwürdige Kleidungsstücke, Hüte und sogar künstliche Haare in bunten Farben aus. Was sollte das jetzt wieder? Was hatten die Deutschen jetzt schon wieder für ein merkwürdiges Fest? War schon wieder so eine Art Weihnachten? Bekamen wir wieder ein Geschenk?

Frau Kohlmann gab jedem Schüler Luftballons, Luftschlangen und Konfetti. Zum ersten Mal in unserem Leben lernten wir, wie lustig es war, die Luftschlangen überall im Klassenzimmer zu verstreuen und uns gegenseitig mit Konfetti zu bewerfen. Als dann auch noch ein CD-Player lustige Lieder schmetterte und Frau Kohlmann alle dazu brachte, sich mit den Kostümen und Perücken zu verkleiden, gab es für uns kein Halten mehr. Dieses Fest war mit Abstand das Beste überhaupt. Das hätten wir den sonst so ernsten Deutschen gar nicht zugetraut, dass sie anstelle von Behörden, Formularen und Pünktlichkeit auch mal was Lustiges produzieren konnten!

Bei der anschließenden Polonaise hatten Ibrahima und ich so viel Spaß, dass wir alle ansteckten. Sogar die muslimischen Schüler, die normalerweise bei Karneval einfach nur ruhig in der Ecke saßen, machten mit. An diesem Rosenmontag haben wir so viel gelacht wie noch nie in unserem Leben.

2017 waren so viele Flüchtlinge in Deutschland, dass es auch viele außerschulische Projekte gab. So z. B. das Projekt der Musikschule Wattenscheid: *„Sprache lernen durch Singen“.* Hier übten wir deutsche Lieder und gaben kleine Konzerte in verschiedenen Stadtteilen Bochums. Wir nahmen sogar eine CD auf. Für diese CD sangen Ibrahima und ich gemeinsam ein Lied für unsere tote Mutter: *“Mama“,* was allen sehr nahe ging. Waren doch viele Schüler in diesem Projekt Waisen.

Während des Musikprojekts wurde uns auch klar, wie gerne wir doch singen und vor allem tanzen. Schöne Dinge, für die in Guinea nie Zeit war.

Das ist nicht echt? (Ibrahima)

Obwohl wir uns sehr gut in Deutschland einlebten, merkte man doch auch immer wieder, dass wir in Guinea aufgewachsen waren. Im EDV-Unterricht wollte Frau Kohlmann uns die Benutzung des Internets erklären. Moussa und mich interessierte aber mehr, welche Filme man herunterladen konnte.

Bei meiner Suche fand ich etwas ganz Tolles:

„Guck mal Moussa“, flüsterte ich aufgeregt: *“Da kann man `The Fast and the Furious´ ansehen.“*

Hektisch meldete ich mich und erklärte der ganzen Klasse in einem Mix aus Deutsch und Französisch, wie toll dieser Film war, was die Autos alles könnten und wie cool die Männer wären. Ich konnte mich überhaupt nicht mehr beruhigen. Immer wieder rief ich permanent während des Unterricht dazwischen und erzählte von *„Paul Walker“* und *„Vin Diesel“,* als ob es meine besten Freunde wären. Was sie für mich auch tatsächlich waren, hatte ich doch in Conakry in meine Freizeit mit diesen Filmen verbracht. Die anderen Schüler, die meinem unverständlichen Redeschwall gar nicht mehr folgen konnten, waren inzwischen so verwirrt, dass Frau Kohlmann schließlich aufgab, uns den Umgang mit dem PC zu erklären. Nun widmeten wir uns voll und ganz den wirklich interessanten Dingen im Leben: *„Fast and Furious“*.

Frau Kohlmann sagte:

„OK, Ibrahima, dann erzähl doch mal von diesem Film.“

Das musste man mir nicht zweimal sagen!

Ich erzählte und erzählte und erzählte, die ganze Klasse lauschte gebannt. Irgendwann unterbrach Frau Kohlmann meinen Redestrom und fragte mich:

„Ibrahima, du weißt aber schon, dass das alles nicht echt ist – oder?“

Da brach für mich eine Welt zusammen, mit weit aufgerissenen, entsetzten Augen schrie ich:

„Natürlich ist das echt – DAS IST ECHT!“

Hilfesuchend sah ich zu Moussa, der nur die Schultern hochzog und mich kopfschüttelnd ansah. Beinahe hätte ich geweint.

Ich habe Tage gebraucht, um zu begreifen, dass das alles ein Film war, der mit Computer-Animation gemacht wurde. Immer wieder stellte ich Frau Kohlmann mit traurigen Augen die Frage:

„Das ist nicht echt?“

In Guinea dachten wir Kinder immer, dass alles, was im Fernsehen zu sehen war, auch wirklich existierte. Der erste Teil von *„Fast and Furious“* wurde im gleichen Jahr gedreht, in dem wir geboren wurden. Die Autos und Schauspieler waren unsere täglichen Begleiter. Wir spielten die Szenen mit selbstgebastelten Autos nach und träumten davon, selbst so ein Auto zu besitzen. Kostbare Minuten, in denen wir unseren harten Alltag vergessen konnten.

So ist es absolut verständlich, dass für mich eine Welt zusammenbrach, als ich die bittere Wahrheit erfuhr.

Eine Woche später stand ich wieder vor dem Pult von Frau Kohlmann und fragte:

„Aber King Kong ist doch echt, oder?“

Vogel bringt Tod (Ibrahima)

Bei einem Schulausflug besuchte unsere Klasse den Bochumer Tierpark. Als wir an dem Gehege mit den Greifvögeln vorbeigehen wollten, blieb ich plötzlich wie angewurzelt stehen und schrie entsetzt:

„Da: VOGEL! Vogel bringt TOD! Vogel bringt TOD... schnell weg."

Ich hatte eine solche Angst, dass ich keinen Schritt mehr weitergehen konnte. Da Moussa und ich uns trotz aller Bemühungen unserer Lehrerin weigerten, an dieser schrecklichen Gefahr vorbei zu gehen, musste die ganze Klasse kehrt machen und in die andere Richtung laufen. Erst in genügendem Abstand von der armen, verschreckten kleinen Eule, beruhigten wir uns etwas. Wir erklärten dann den anderen, immer noch ganz aufgeregt, dass Eulen, die ja ihren Kopf um 270 Grad (also fast ganz herum) drehen können, in Guinea sofort getötet und verbrannt werden müssen, sobald sie irgendwo zu sehen sind oder ihr unheimliches *„UHUU, UHUU"* rufen - tötet man sie nicht, stirbt man selber in der gleichen Sekunde, in der sie einen anschauen.

Der gleiche böse Zauber wird übrigens in Guinea auch den Chamäleons nachgesagt, die ja ihre Hautfarbe ändern können. Als wir später im Terrarium des Tierparks ein kleines süßes Chamäleon sahen, war wieder das gleiche Theater...

„Bringt den Tod, bringt den Tod... schnell weg."

Entnervt verließ die ganze Klasse nach unserem Geschrei den Zoo. Später im Bus gaben wir den anderen Schülern den klugen Rat:

„Ihr müsst es so machen wie wir in Guinea. Tötet und verbrennt sofort alle Tiere, die sich nicht normal benehmen. Sicher ist sicher. Man weiß nie, welcher böse Zauberer in ihnen wohnt!“

Die anderen Schüler blickten fragend zu Frau Kohlmann. Sie waren sich nicht sicher, was der Tierschutzverein von diesen Massakern halten würde.

Frau Kohlmann sagte trocken:

„Da können wir nur froh sein, dass wir in Bochum leben, sonst wäre der Tierpark doch bald sehr, sehr leer…!“

Krankenhaus (Ibrahima)

Im Sommer 2017 erkrankte mein Bruder Moussa schwer an Tuberkulose. Tuberkulose ist eine sehr gefährliche Lungenkrankheit und Moussa wurde ins Krankenhaus eingeliefert.

In Guinea war Tuberkulose das sichere Todesurteil und nur die wenigsten Erkrankten kamen in Guinea jemals lebend aus dem Krankenhaus heraus, gab es dort doch praktisch keine Medikamente.

Traurig begleitete ich ihn ins Krankenhaus. Man schickte mich jedoch wieder nach Hause, da Moussa auf die Isolierstation verlegt worden war. Zu groß war die Gefahr, dass ich mich auch anstecken würde.

Vollkommen verstört ging ich am nächsten Tag in die Schule. Ich konnte mich nicht auf den Unterreicht konzentrieren und weinte bitterlich. Bestürzt fragte Frau Kohlmann mich, was denn los sei. Ich erzählte unter Tränen, dass ich Moussa nie wiedersehen würde, weil dieser sterben würde. Frau Kohlmann erklärte mir dann, dass man in Deutschland Tuberkulose heilen kann. Sie sagte mir:

"Moussa wird Medikamente bekommen und er wird wieder gesund werden."

Ich starrte Frau Kohlmann fassungslos an:

„Er wird leben? Sind Sie sicher?"

Sofort griff ich zu meinem Handy und schickte Moussa auf Französisch die folgenden WhatsApp-Nahrichten:

„Moussa, du wirst nicht sterben.
Moussa, du wirst Medikamente bekommen.

Frau Kohlmann hat gesagt, dass du wieder GESUND wirst.

Du wirst LEBEN.

Du wirst 100 Jahre alt.

Jetzt reiß dich zusammen und hör auf zu heulen!"

Als Moussa diese wunderbaren Nachrichten bekam, ging es ihm gleich viel besser. Er ertrug die langen drei Wochen auf der Isolierstation im St.-Josephs-Krankenhaus sehr tapfer und ist heute wieder kerngesund.

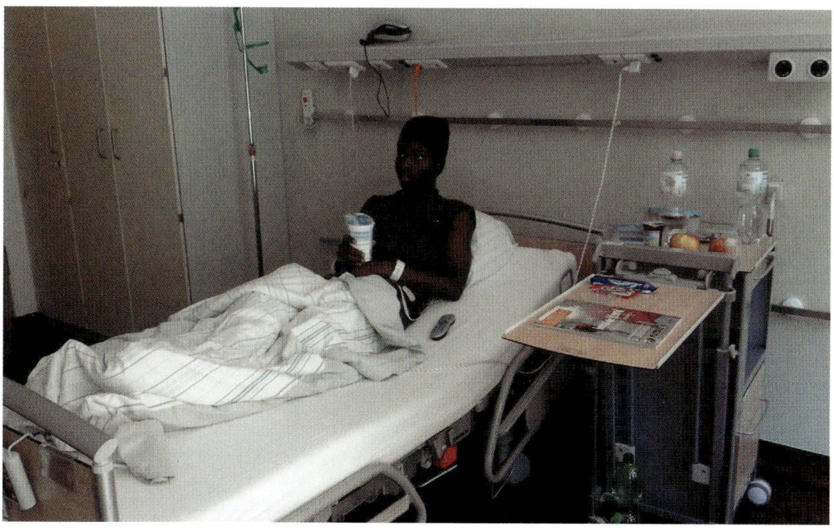

Wir machen Theater (Moussa)

Im Frühsommer 2018 kam Frau Kohlmann in unsere Klasse und erzählte ganz begeistert, dass es am Schauspielhaus Bochum das Theaterprojekt *„Schule in Bewegung“* gäbe, wo das Stück *„Peter Pan“* aufgeführt würde. Wir hatten keine Ahnung, was ein Theater war, aber weil Frau Kohlmann uns so nett bat, daran teilzunehmen, taten wir ihr den Gefallen. Am nächsten Tag ging es los. Sehr professionell bereitete Frau Kohlmann uns auf das Casting vor, unzählige Texte wurden auswendig gelernt und Tanz-Szenen einstudiert. Immer und immer wieder wurden die gleichen Szenen geübt, es war der totale Stress. Aber dadurch, dass wir in der Koranschule in Guinea nur auswendig gelernt hatten, war das für uns nicht ganz so schwer wie für die deutschen Schüler.

Dann kam der große Tag des Castings. Total aufgeregt fuhren wir alle mit der Straßenbahn zum Schauspielhaus Bochum. Zum ersten Mal in unserem Leben waren wir in einem richtigen Theater und waren erstaunt, wie riesig das Haus war. Die Regisseurin des Projektes, Frau van Boxen, begrüßte uns alle und erklärte, wie das Casting funktionieren würde:

„Ihr bekommt einen Text und habt drei Minuten Zeit, ihn zu lernen, dann müsst ihr die kleine Szene vorspielen.“

Wir bekamen Panik. Wie sollten wir das in drei Minuten schaffen? Aber Frau Kohlmann beruhigte uns und die strenge Erziehung der Koranschule half auch hier. Insgesamt waren 150 Schüler zum Casting eingeladen. Bis zum Schluss haben nur 45 davon durchgehalten. Ibrahima und ich bekamen jeder eine wichtige Rolle: Ich spielte den *„Pan“* und Ibrahima einen der *„Piraten“*. Wir freuten uns riesig.

Was am Anfang so toll war, entpuppte sich jedoch als harte Arbeit. Ganz viele Schüler hörten bereits in der ersten Woche auf, als sie merkten, wieviel Zeit die Proben kosteten. Für Freizeitaktivitäten, wie unser heißgeliebtes Fußballspiel, blieb uns gar keine Zeit mehr. Aber Ibrahima und ich machten weiter, weil wir Frau Kohlmann nicht hängen lassen wollten. Die Proben waren sehr anstrengend mit Tanzen, Rennen und Sprechen. Gerade die vielen Texte, die wir lernen mussten, bereiteten uns wegen der Aussprache viele Schwierigkeiten. Wir bekamen jedoch zusätzliches Sprechtraining und unser Deutsch wurde zunehmend besser.

Das Schlimmste an den Proben war, dass sie in die Ramadan-Zeit fielen. Wir durften den ganzen Tag nichts essen und trinken. Es war sehr heiß auf der Bühne und wenn die anderen in den Pausen zum Büffet gingen, Wasser tranken oder Obst und Brötchen aßen, schauten wir nur erschöpft zu.

Sogar bei der Premiere haben wir gefastet. Im Nachhinein kann ich mir gar nicht mehr vorstellen, wie wir das alles geschafft haben.

Aber die Premiere und anschließenden Aufführungen entschädigten uns für all die Mühen. Unsere Emotionen überwältigten uns, als wir auf der großen Bühne standen und das Publikum uns zujubelte. Gerührt waren wir auch über die lobenden Worte der Regisseurin. Wir würden so etwas sofort wieder machen. Diese Zeit am Theater war die schönste Zeit in unserem Leben!

Moussa als Pan

Ibrahima und Moussa

Fußballverein (Ibrahima)

Um unsere Integration weiter zu fördern, schlug unsere Betreuerin sechs Wochen nach unserer Ankunft in Bochum vor, in einen Fußballverein zu gehen. Wir waren total begeistert. Schließlich träumten wir schon seit unserer frühen Kindheit von einer Karriere als Profi-Fußballer. In unserer Phantasie sahen wir auch schon die berühmten Zwillingsbrüder bei *„Paris St. Germain"* spielen.

Allerdings wurden wir leider nicht direkt bei unserem Lieblingsverein angemeldet, sondern erst einmal im Verein *„DJK Teutonia Ehrenfeld"*.

„Okay", sagten wir - *„kein Problem, dann spielen wir erst einmal da und wechseln dann einfach danach zu ‚Paris St. Germain'".*

Der Verein DJK Teutonia zeichnete sich besonders durch sein soziales Engagement aus. Er stellte bereits 2011 eine eigene Flüchtlingsmannschaft auf, in der Ägypter, Armenier, Israelis und Syrer zusammenspielten. Im Gegensatz zu anderen Vereinen, nahm der DJK Teutonia den hohen bürokratischen Aufwand auf sich, um für die Flüchtlinge einen Spielerausweis zu beantragen. Hierfür mussten diverse Dokumente, wie z. B. unser Duldungsausweis, an den DFB[3] geschickt werden. Der DFB schrieb dann die jeweiligen Landesverbände im Ausland an, bei uns also in Guinea, um die Freigabe der Spieler zu erhalten. Es dauerte fast sechs Monate, bis wir endlich unseren heiß herbeigesehnten Spielerausweis in den Händen hielten.

Damals sprachen wir noch sehr schlecht Deutsch, so dass der Trainer Michael Knieps uns geduldig die Übungen mit Händen und Füßen erklärte. Schnell lernten wir jedoch viele neue deutsche Wörter. Jede Woche verstanden wir seine Erklärungen besser und konnten sie gut umsetzen.

---

3 *Deutscher Fußball Bund*

Erstaunt waren wir jedoch darüber, wieviel Wert in Deutschland auf Technik und Taktik gelegt wurde. Aus Guinea waren wir es gewohnt, hart in die Zweikämpfe reinzugehen. Aber das man mit den anderen Spielern der Mannschaft strategisch zusammenspielte, war für uns komplett neu. Auch das lernten wir.

Unser Hauptproblem beim Fußball war diese nervige Pünktlichkeit der Deutschen. Unzählige Male musste die ganze Mannschaft bei Auswärtsspielen auf uns warten. Einmal rief Herr Knieps uns verärgert an, als wir gerade in Düsseldorf unterwegs waren, beim nächsten Mal saßen wir zufällig in Dortmund beim Friseur...

Herr Knieps löste dieses Problem, indem er extra Abfahrtszeiten für uns Zwillinge einführte: Eine Stunde vor der normalen Zeit. So kamen wir endlich alle pünktlich zum Spiel.

Da wir auch zum Training permanent zu spät kamen, mussten wir uns immer neue Ausreden ausdenken. Unsere beliebtesten Ausreden waren:

„Der Bus ist einfach STEHEN geblieben!"

oder

„Der Busfahrer hat sich VERFAHREN!"

Unser Pech war nur, dass Herr Knieps selbst bei der BOGESTRA[4] arbeitete. Er antwortete:

„Wenn die Busfahrer sich so schlecht in Bochum auskennen, dass sie ihren Weg nicht mehr wiederfinden, müssen sie dringend zur Weiterbildung."

4 *Bochum-Gelsenkirchner Straßenbahnen AG*

Quelle: DJK Teutonia Ehrenfeld, Michael Knieps

Ausbildung (Ibrahima)

Im Sommer 2018 begann die Suche nach einem Ausbildungsplatz für das darauffolgende Jahr. Frau Kohlmann hatte uns versichert, dass wir den Realschulabschluss schaffen würden, was natürlich eine hervorragende Basis für einen guten Ausbildungsbetrieb war. Gemeinsam mit unseren ehrenamtlichen Vormündern, Elise und Jürgen Märkisch, überlegten wir, welcher Beruf wohl am besten für uns geeignet wäre.

Für mich, Ibrahima war von Anfang an klar, dass ich, aufgrund meiner Erfahrungen als „Elektriker“ etwas Technisches machen wollte. Mein Bruder Moussa schwankte noch zwischen Krankenpfleger und: *„Egal was, ... Hauptsache ich habe eine Stelle und kann in Deutschland bleiben!“*

Gemeinsam beschlossen wir, dass es auf jeden Fall ein großes Unternehmen sein sollte. Hier bekämen wir aufgrund unseres Migrationshintergrundes die beste Unterstützung und Förderung. Unzählige Bewerbungen wurden geschrieben, für mich als *„Zerspanungsmechaniker“* und für Moussa als *„Fachkraft für Lagerlogistik“*. Moussa ist, im Gegensatz zu mir, sehr sorgfältig, organisiert gerne und hatte durch Ferienjobs im Lager bemerkt, dass ihm diese Arbeit Spaß machte.

Dank unserer guten Zeugnisse und diverser Praktika wurden wir zu vielen Onlinetests eingeladen. Trotz intensiver Vorbereitung scheiterten wir aber jedes Mal an diesen Tests. Es fehlten uns einfach acht Jahre deutscher Schulunterricht. Kein Unternehmen berücksichtigte, dass wir aus Guinea kamen und all das abgefragte Wissen gar nicht so schnell aufholen konnten.

Wir wurden frustriert und bekamen Angst, dass wir keine geeigneten Stellen finden würden. Die Zeit lief uns davon. Einen Ausbildungsplatz bis zu unserer Volljährigkeit zu bekommen, war für uns sehr wichtig, denn nur so konnten wir die vierjährige Ausbildungsduldung erhalten und eine mögliche Abschiebung verhindern.

Also änderten wir die Strategie und Elise rief unzählige Personalchefs an, um in einem persönlichen Gespräch unsere Situation als Flüchtlinge zu erklären. Im November hatten wir endlich Glück: Bei der DHL stießen wir auf einen Ausbildungsleiter mit Migrationshintergrund, der noch dazu in der Flüchtlingshilfe aktiv war. Perfekt! Kurz entschlossen sagte Herr Yilmaz:

„Kommen Sie nächste Woche alle vier zu uns, ich schaue mir die beiden an."

In aller Eile bereiteten wir uns auf das Vorstellungsgespräch vor: Wir lernten den Lebenslauf und Antworten auf mögliche Fragen auswendig. Wir zogen die Abituranzüge von den Söhnen der Familie Märkisch an und fuhren alle vier nervös zum Vorstellungsgespräch.

Durch die gute Vorbereitung lief das Vorstellungsgespräch so gut, dass Herr Yilmaz am Ende sagte:

„Ihr könnte beide bei mir anfangen".

Diesen Erfolg feierten wir mit einem schönen Essen. Unser erster Restaurantbesuch, den wir sichtlich genossen.

Eine Woche später erhielt ich dann noch überraschend die Zusage der Deutschen Bahn. Ich hatte auch dort im Vorstellungsgespräch einen guten Eindruck gemacht, so dass die Ausbildungsleiterin sagte:

„Ibrahima, du hast dich zwar als Zerspanungsmechaniker bei uns beworben, aber wir glauben, dass du auch die Ausbildung zum Industriemechaniker, die ja anspruchsvoller ist, schaffen kannst."

Ich war überglücklich, meinen Traumberuf erlernen zu können. Heute bin ich einer der wenigen in meiner Berufsschulklasse ohne Abitur. Es sind sogar ehemalige Maschinenbaustudenten dabei. Als mich mein Vormund Jürgen fragte, wie ich so erstaunlich gut in der Berufsschule zurechtkäme, antwortete ich lachend:

„Das ist doch kein Problem, ich schaue mir einfach YouTube-Videos an…!"

Dürfen wir bleiben? (Moussa)

Unser größter Traum ist die permanente Aufenthaltserlaubnis und ein deutscher Pass.

Am 25. November 2020 sind wir auf den Tag genau vier Jahre in Deutschland. Dann werden wir die permanente Aufenthaltserlaubnis beantragen. Besteht doch die Möglichkeit: „... gut integrierten Jugendlichen" eine Aufenthaltsgenehmigung zu erteilen."

Bereits Anfang 2020 begannen wir damit, alle notwendigen Dokumente zu beschaffen. Das erste Problem bestand darin, unsere Geburtsurkunden in Guinea zu beantragen. Leider hatten wir seit einigen Monaten keinen Kontakt mehr zu unserem Bruder Pepe, der diese Urkunden für uns in Guinea hätte besorgen können. Wie schon so häufig in unserem Leben half uns auch hier der glückliche Zufall: Denn eines Tages, als ich in der U35 auf dem Weg nach Langendreer war, stieg an der Haltestelle „Ruhr Universität Bochum" ein junger Afrikaner in die U- Bahn. Er blickte mich erstaunt an.

Auch ich dachte: *„Mmh, komisch, irgendwie kommt er mir bekannt vor...."* Der junge Afrikaner ging auf mich zu und sagte:

„Bist du nicht der Bruder von Pepe aus Mamou?"

Es war unglaublich: Dieser junge Mann, Ismael, war der älteste Freund von unserem Bruder aus Mamou. Er kannte mich und Ibrahima von Geburt an. Ismael kam aus einer so wohlhabenden Händler-Familie, dass sie Ismael das Studium in Deutschland finanzieren konnte. Als Ismael mich fragte, wie es uns inzwischen ergangen war, erzählte ich ihm von unserem Problem mit der Geburtsurkunde und dass wir Angst hätten, nicht in Deutschland bleiben zu können, wenn wir dieses Dokument nicht bekämen.

Ismael antwortete:

„Das ist doch kein Problem, ich frage einfach meine Eltern in Mamou, sie werden euch sicherlich helfen können."

Und genau so geschah es. Schon sechs Wochen später überreichte Ismael uns im März 2020 stolz unsere beiden Geburtsurkunden. Wären die Geburtsurkunden auch nur wenige Tage später ausgestellt worden, hätten wir sie nicht mehr erhalten. Brach doch mit Beginn der Pandemie der gesamte Flug- und auch Postverkehr zu Guinea zusammen und damit wäre auch unser Traum von der Aufenthaltserlaubnis geplatzt.

Aber so ging es weiter. Mit den Geburtsurkunden beantragten wir bei der Botschaft von Guinea in Berlin unsere *„Carte Consulaire"*, einen Passersatz. Erstaunlicherweise erhielten wir, trotz Coronapandemie, schon nach wenigen Wochen die *„Carte Consulaire"* auf dem Postweg.

Positiver Nebeneffekt: Für mich, der ich unbedingt meinen Führerschein machen möchte (und dafür schon seit einem Jahr Geld gespart habe), bekam ich mit der *„Carte Consulaire"* und diversen anderen Papieren vom Straßenverkehrsamt Bochum freundlicherweise eine Ausnahmegenehmigung. Ich bereite mich jetzt in der Fahrschule Neuendorf in Bochum-Dahlhausen auf meine Fahrprüfung vor.

Zukunfts-Träume (Moussa & Ibrahima)

Was sind unsere Träume für die Zukunft?

Natürlich in Deutschland bleiben zu dürfen!

Ich, Moussa, freue mich auf meinen Führerschein und träume von einem eigenen Auto. Nach meiner Ausbildung möchte ich entweder versuchen, mich in meiner Firma weiter hochzuarbeiten. Oder ich mache mich selbstständig. Ich habe meine Vormünder schon gefragt, ob wir nicht zusammen eine Firma gründen. Wer weiß, was sich daraus ergibt...

Ich, Ibrahima möchte auf jeden Fall bei der Deutschen Bahn bleiben. Meinen Traum von der Fußballkarriere habe ich noch nicht aufgegeben. Ich versuche jetzt, in der Bezirksliga zu spielen.

Ob es uns gelingt? Wir wissen es nicht - aber wir haben in den letzten 18 Jahren schon so viel geschafft, warum nicht auch das? Und die Hoffnung stirbt bekanntlich zuletzt.

Anhang

Nachwort

„Lass uns doch eure Geschichte aufschreiben“, sagte ich im Sommer 2020 zu Ibrahima, als er während seines Urlaubs bei mir im Garten saß. Wir langweilten uns beide. Wollten wir doch gemeinsam mit seinem Bruder Moussa und meinem Mann Jürgen nach Berlin fahren, um ihren Passersatz, die „Carte Consulaire“, persönlich abzuholen. Wir hatten uns schon lange auf diese Fahrt gefreut, aber durch Corona war die Botschaft von Guinea für Publikumsverkehr geschlossen. Ibrahima sagte spontan zu, worüber ich mich sehr freute. Ich hatte die beiden schon letzten Sommer gefragt, ob wir nicht ihre Vergangenheit als Erinnerung für mögliche Kinder und Enkelkinder aufschreiben wollten. Oder einfach nur, um das Erlebte noch einmal abschließend aufzuarbeiten. Moussa sagte damals: „Ich möchte nie wieder in meinem Leben etwas mit Guinea zu tun haben - ich bin jetzt Deutscher“ und auch Ibrahima war noch nicht soweit.

Aber als dann trotz Lockdowns ihre „Carte Consulaire“ in der Post war, war alles anders! Sie fühlten sich nach vier Jahren in Deutschland zum ersten Mal sicher. Die Perspektive, in naher Zukunft die Aufenthaltsgenehmigung zu beantragen, machte ihnen Mut. So begann Ibrahima mir von seiner Kindheit in Mamou zu erzählen. Ich schrieb alles zusammen und zeigte es Moussa.

Das Erstaunliche geschah: Moussa sagte, dass er gerne an der Story mitarbeiten würde. Er, der normalerweise schweigsam und zurückhaltend ist, erzählte und erzählte und erzählte... viele traurige Ereignisse. Ich schrieb alles auf und war sehr betroffen. Hatten wir doch nie etwas Genaueres von ihren bisherigen Lebensumständen gewusst. Je mehr wir aufschrieben, desto faszinierter waren wir von ihrer Geschichte. Mein Mann und meine Söhne lasen alles bisher Geschriebene und sagten: *„Schreibt weiter, wir wollen wissen, was noch alles passiert.“* Und so entstand das Buch HOPE.

Elise Märkisch, 22. September 2020

Moussa zeigt, wie er als Kind aus einem Flaschenverschluss einen Kreisel bastelte

Was ist der Grund für den Erfolg von Moussa und Ibrahima?

Aus der Sicht der Lehrerin, Frau Kohlmann:

„Ich bin der festen Überzeugung, dass Moussa und Ibrahima aufgrund ihres sehr positiven Charakters die optimalen Voraussetzungen haben, auch extrem schwierige Situationen in ihrem Leben zu meistern. Die beiden haben ein absolutes Grundvertrauen in die Menschen und die Zukunft. Immer dann, wenn etwas Schlimmes in ihrem Leben geschah, haben sie dieses Erlebnis als Sprungbrett benutzt, um etwas Positives daraus zu machen. Anstatt an den schrecklichen Erlebnissen zu zerbrechen oder zu resignieren, wie es viele Menschen machen würden, haben die beiden sich einfach ein neues Ziel gesucht. In Guinea ist das Leben ohne Hoffnung – also gehen wir einfach nach Europa."

Aus der Sicht des Betreuers, Herrn Sarwar-Azadzoy

„Glück gehört im Leben dazu. Und das hatten die beiden Brüder. Besonders während ihrer Flucht, aber auch in Deutschland. So z. B. als Moussa beinahe seinen Ausbildungsplatz verloren hätte, als die zuständige Behörde innerhalb von drei Monaten immer noch nicht die Erlaubnis zur Ausbildung erteilte. Sein Arbeitsgeber schickte Moussa im September 2019, kurz nach Beginn der Ausbildung, nach Hause, mit der Auflage, dieses Dokument bis zum nächsten Tag zu besorgen. Ansonsten müsse man ihn leider entlassen, da man sich strafbar mache. Moussa und ich sind dann zu dieser Behörde gerast und dort solange geblieben, bis sich schließlich der Leiter bereit erklärte, uns das Dokument auszustellen. Dies ist nur ein Beispiel, das zeigt, wie schnell die Zukunft in Deutschland, trotz bester Bemühungen, gefährdet ist."

Aus der Sicht des Fussball-Trainers, Herrn Knieps

„Moussa und Ibrahima haben sehr schnell gelernt, was in Deutschland wichtig ist, um erfolgreich zu sein. Sie haben sich gut an die vollkommen fremden Verhältnisse angepasst und waren bereit, sich zu ändern.

Pünktlichkeit, Regeln einhalten und auch miteinander zu arbeiten. Diese wichtigen Faktoren haben sie durch den Fußballverein gelernt. Ich glaube, dass sie in ihrer Ausbildung auch so gut klarkommen, weil sie diese Faktoren absolut verinnerlicht haben. Heute sind sie sogar pünktlicher als die Deutschen!

Aus der Sicht des Vormunds, Jürgen Märkisch

„Moussa und Ibrahima sind Zwillinge. Durch dieses starke Band konnten sie sich in schwierigen Situationen bedingungslos aufeinander verlassen. Schon bei dem Gedanken an die Flucht ruft Ibrahima nach neun Jahren Moussa an. Wäre er alleine geflohen? Sicher nicht.

Ihre weitere große Stärke ist, dass sie immer „Ja“ gesagt haben: zu allem und zu jedem! Wo andere gezweifelt und gezaudert hätten und damit auf der Strecke geblieben wären, haben sie einfach weitergemacht.

Die Hoffnung auf ein besseres Leben war ihr Antrieb. Hoffnungsvoll haben sie ihr Leben wildfremden Menschen anvertraut. Nur dadurch sind sie so weit gekommen.“

Fakten über Guinea[5]

69 % der Bevölkerung gelten trotz Arbeit als arm

68 % der Erwachsenen können nicht richtig lesen oder schreiben *(Deutschland: 4%)*[6]

100 von 1.000 Säuglingen sterben frühzeitig *(Deutschland: 3)*[7]

54 Jahre ist die durchschnittliche Lebenserwartung *(Deutschland: 81 Jahre)*[8]

32% der Kinder in Guinea sind unterernährt

---

5 *SOS Kinderdörfer Weltweit*

Wir unterstützen die SOS Kinderdörfer in Guinea

Seit 1989 hilft SOS Kinderdorf in Guinea Menschen in Not

3 **SOS-Kinderdörfer:** Dort finden 226 verwaiste und verlassene Mädchen und Jungen ein liebevolles Zuhause. Die Kinder wachsen in SOS-Familien auf, mit einer Kinderdorf-Mutter und Geschwistern.

4 **Jugendbetreuungsprogramme:** 226 Jugendliche aus den SOS-Kinderdörfern wohnen dort, während sie eine Ausbildung machen oder eine Schule besuchen.

4 **Familienhilfe-Programme und Sozialzentren:** Um Familien in Not vor dem Zerbrechen zu bewahren, leisten die SOS-Kinderdörfer Hilfe zur Selbsthilfe. 3.910 Kinder erhalten so eine Perspektive.

3 **Kindergärten:** SOS-Pädagogen betreuen dort 427 Mädchen und Jungen und fördern sie durch frühkindliche Bildung.

6 **Schulen:** 1.732 Kinder besuchen dort den Unterricht.

30 % des Gewinns von jedem verkauften Buch spenden wir an die SOS-Kinderdörfer in Guinea.

HILFE, DIE WIRKT.
2020
UNTERSTÜTZEN WIR DIE
SOS KINDERDÖRFER WELTWEIT

Sea-Watch e.V.

Zivile Seenotrettung von Flüchtenden

Sea-Watch e.V. ist eine gemeinnützige Initiative, die sich der zivilen Seenotrettung im zentralen Mittelmeer verschrieben hat. Angesichts einer andauernden und staatlich initiierten humanitären Katastrophe leisten wir akute Nothilfe. Wir fordern und forcieren Rettungseinsätze durch die zuständigen europäischen Institutionen und stehen öffentlich für legale Fluchtwege sowie für Bewegungsfreiheit und ein solidarisches Europa ein. Sea-Watch ist politisch und religiös unabhängig und finanziert sich ausschließlich durch Spenden.

Weitere Informationen finden Sie hier:

https://sea-watch.org/

Kinderschutzbund Bochum

Die Ehrenamtlichen sind die Säulen des Kinderschutzbundes in Bochum. Je nach Vorerfahrung und Interesse können die Ehrenamtlichen in verschiedenen Bereichen tätig werden:

- Familienhilfe
- Lernpaten
- Hausaufgabenhilfe
- Ehrenamtliche Einzelvormundschaft
- Großelterndienst

Von Schüler/Innen bis zu Rentner/Innen engagieren sich Menschen jeden Alters im Kinderschutzbund und sind herzlich willkommen.

Der Zeitumfang des Einsatzes kann je nach Bereich unterschiedlich ausfallen. Bei der Familienhilfe, dem Großelterndienst und der Hausaufgabenhilfe vereinbart man in der Regel feste wöchentliche Termine im Umfang von insgesamt 2-4 Stunden, bei der Übernahme einer Vormundschaft sind die Termine eher unregelmäßig und auch örtlich unabhängig.

Weitere Informationen finden Sie hier:

https://kinderschutzbund-bochum.de/

Medizinische Flüchtlingshilfe Bochum

Seit nunmehr 15 Jahren unterhält die MFH ein Trauma-Therapiezentrum und ist seit ihrer Akkreditierung 2008 als eines von drei deutschen Zentren beim Internationalen Dachverband der Therapiezentren für Folterüberlebende (IRCT) auch international als Therapiezentrum anerkannt.

Der integrierte Ansatz erlaubt es der MFH, ihre Klienten und KlientInnen ganzheitlich zu betreuen und Überlebende entsprechend der Gesamtheit ihrer Belange zu unterstützen. Dazu stellt die MFH spezielle Angebote zur Versorgung von Frauen, Männern, Kindern, Familien und unbegleiteten minderjährigen Flüchtlingen bereit.

Weitere Informationen finden Sie hier:

https://mfh-bochum.de/

Projektarbeit für den Deutschunterricht: Flucht und Migration nachempfinden

„Toleranz, Akzeptanz sowie Hilfsbereitschaft und Mitgefühl müssen wieder mehr in den Fokus rücken!" *– Ilka Neubert*

Ilka Neubert, Klassenlehrerin der ehemaligen Integrationsklasse der Nelson Mandela Schule in Bochum, konzipiert derzeit Projektmaterial für den Deutschunterricht. Mit Hilfe unterschiedlicher Textformen für die Sekundarstufe 1, angelehnt an die Lehrpläne des Landes NRW, erarbeiten sich die Schülerinnen und Schüler einen anderen Blick auf die Lebenswelten Geflüchteter.

Beweggründe für Flucht und Migration nachvollziehen und mehr Empathie für die Lebensgeschichten Geflüchteter aufzubauen. Die greifbare Geschichte von Moussa und Ibrahima macht dies möglich. Dabei sprechen die Schülerinnen auch eigene Ängste an und wagen den Blick über den Tellerrand, der für ein Leben in einem demokratischen Land unabdingbar ist.

Die Berichte von Moussa und Ibrahima ermöglichen auch die Auseinandersetzung mit den Themen: Bildung, Religion und Politik in unserem Land im Vergleich zu fremden Ländern.

In diesem Projekt werden schwerpunktmäßig die emotional-sozialen Kompetenzen geschult und dann unter Zuhilfenahme der Sprach- und Schreibgerüste des Deutschunterrichts auf- und /oder ausgebaut. Die unterschiedlichen Textsorten werden gezielt zum tieferen Verständnis herangezogen. Das Material wird demnächst auf der **Online - Plattform padlet** bereit gestellt.

Weitere Informationen erhalten Sie unter:

Ilka.neubert@nms-bo.nrw.schule

Frau Neubert (ehemals Kohlmann)

Danksagung

Moussa

Ibrahima

Pepe

Ibrahim

Frau Kohlmann, Nelson-Mandela-Schule, Bochum

Frau Quade, Kinderschutzbund Bochum

Frau Devantié, Kinderschutzbund Bochum

Frau Pelzer, VSE Bochum

Herr Knieps, DJK Teutonia Ehrenfeld e.V.

Herr Sarwar-Azadzoy, VSE Bochum

Herr Dr. Ulf Bleckmann

Herr Günter Jäger

Frau Hölken-Utsch

Herr Jan Wassenich

Herr Younes Shbeeb

Herr Moritz Bott

Leander Märkisch

Jürgen Märkisch

Tristan Märkisch

Über die Autoren

Moussa,

tanzt leidenschaftlich und liebt das Theaterspiel. Deshalb hatte er auch große Freude an seiner Rolle in der Inszenierung „Peter Pan“ beim Schauspielhaus Bochum.

Moussa spricht nicht nur zwei afrikanische Sprachen, ein wenig Englisch und Arabisch sondern auch fließend Französisch. Aufgrund seiner Sprachbegabung fiel es ihm leicht, innerhalb kürzester Zeit auch Deutsch zu lernen.

Bereits drei Jahre nach seiner Ankunft in Deutschland schaffte er seinen Realschulabschluss. Und das, obwohl er in Guinea nur zwei Jahre die Schule besuchen durfte!

Neben seiner Ausbildung als „Fachkraft für Lagerlogistik“, spielt Moussa Fußball, geht ins Fitness-Studio, kocht gerne mit Freunden und ist sehr modebewusst. Er liebt es neue Menschen und Länder kennenzulernen.

Moussa ist dankbar, die ausweglose Situation in Guinea verlassen und die Flucht überlebt zu haben.

Er führt nun das Leben, dass er sich immer erträumte.

Ibrahima,

ist der fröhlichere Zwilling. Mit seinem Charme schafft er es, die Menschen auf seine Seite zu ziehen und sich aus unangenehmen Situationen wieder herauszuwinden. Was Moussa mit Fleiß gelingt, fällt Ibrahima einfach so zu.

Ibrahima ist technisch und mathematisch interessiert, weshalb er seine Ausbildung zum „Industrie-Mechaniker" bei der Deutschen Bahn erfolgreich bewältigt. Er absolvierte seinen Realschulabschluss und ist in seiner Ausbildung einer der wenigen ohne Abitur.

Auch er entdeckte seine kreative Begabung beim Theaterspiel „Peter Pan" im Schauspielhaus Bochum und ist genauso sprachbegabt wie sein Bruder.

Ibrahima hat das folgende Lebensmotto:

„Ohne meine eigene Motivation sowie der Unterstützung von guten Menschen wäre ich nie so weit gekommen. Wenn man Träume hat, muss man alles geben. Den Kopf hochhalten, egal was passiert – glaubt mir, irgendwann schafft man es!"

Elise Märkisch

Jahrgang 1964, entdeckte bereits während ihres BWL-Studiums in Bochum und Sheffield ihre Leidenschaft für Afrika. Deshalb arbeitete sie 1985 in der Elfenbeinküste bei einem Entwicklungshilfe-Projekt mit.

Nach dem Studium war sie im Marketing und in Presse/PR in Deutschland und Frankreich tätig. Seit 20 Jahren führt sie, gemeinsam mit ihrem Mann, erfolgreich das eigene Unternehmen. Nach Auszug der erwachsenen Söhne engagiert sie sich ehrenamtlich: Sie betreut seit fünf Jahren ausländische Studentinnen/ Studenten und ist Vormund beim Kinderschutzbund. Wegen ihres Interesses an Afrika und ihrer Französischkenntnisse bot sich die Vormundschaft der Zwillinge Moussa und Ibrahima aus Guinea an.

Nach drei Jahren fassten die Brüder so viel Vertrauen zu ihr, dass sie ihr von der schwierigen Kindheit in Guinea und der lebensgefährlichen Flucht erzählten. Diese Story, zunächst als persönliche Erinnerung gedacht, faszinierte Elise Märkisch so sehr, dass sie beschloss, ein Buch darüber zu schreiben. Und so entdeckte sie ihre Leidenschaft fürs Schreiben.

Bisherige Veröffentlichungen: Marketing-Handbuch für Volkshochschulen, 1997